中公新書 2817

上村　剛著

アメリカ革命

独立戦争から憲法制定、民主主義の拡大まで

中央公論新社刊

まえがき

アメリカ革命（American Revolution）とは、今日《こんにち》アメリカ合衆国となる国家の始まりを意味する。本書はアメリカ革命の歴史、その全体像を描くものである。

まず、アメリカ革命とはどのような出来事だったのかを思い出しておきたい。アメリカという国を知らない読者はいないだろうが、アメリカという国がどのような起源をもっているか、きちんと覚えている人は実はそれほど多くないのではないだろうか。ためしに私の家族にアメリカの独立した年は何年、とたずねてみたところ答えられなかった。そんなものなので安心してほしい。

アメリカは一七七六年に独立を宣言した。もとはイギリスの植民地であり、さらにその前から先住民が多く住んでいた場所である。イギリスがアメリカの植民地に対する税金を重くしたので、「代表なくして課税なし」というスローガンのもと反発し、最終的に一三の植民地が、新しく独立国家になります、といったわけである。
その後、一七八三年までイギリスとの戦争が続くが、フランスなどヨーロッパ諸国の支援もあってアメリカ側が勝利する。一七八七年に一三の植民地をたばねる連邦憲法が制定され、今日のアメリカ合衆国の基礎ができあがり、その後一八四〇年すぎまで国家運営を安定させようとしていく。アメリカ革命とは、約七〇年にわたる長期プロジェクトなのだ。

このように聞くと、かつて学校の教科書で習ったようなおぼろげな記憶を思い出す方もいるかもしれない。だがアメリカ革命についての研究は、勃発してから二〇〇年以上を経た今日でも目まぐるしく発展しており、その結果、その革命像は近年著しく修正されている。これについては序章でもう少し述べるが、そもそもアメリカ革命といったとき、そこでいう革命の意味とはなんなのか。「代表なくして課税なし」というスローガンを聞くと、イギリスが悪でアメリカが善と思いがちだが、それは本当に正しいのか。自由、三権分立、民主主義といった私たちにおなじみの言葉がアメリカ革命のイメージとして出てくるが、その意味は誰にとって、どのように考えられるべきか。そんなことも今日では改めて再考され、新たな発見があったりする。

アメリカ革命の登場人物についても同様で、以前よりはるかに多くの人物にスポットがあてられている。ここでアメリカ革命の登場人物について思い出してみよう。アメリカ革命にかかわった人物の名前を順番にいっていき、最後までいえた人の勝ち、というクイズを授業で学生としたことがあるが、残念ながらクイズになるほど続かなかったので、一回でやめてしまった。もちろん学生のせいではなくて、パッと出てくるくらい有名な人物が、意外と少ないのである。

初代大統領ワシントンは出てくるとして、その次がすでに難しい。独立宣言の起草者にして三代目の大統領ジェファソン、立身出世の代名詞的存在のフランクリンくらいだろうか。あとはちんぷんかんぷんである。最近ではミュージカル好きな人がハミルトンの名前をあげてくれたりするが、いずれにしても数人しか名前があがらない。アメリカの革命自体は有名なのに固有名詞が出てこないということは、それくらい多くの人物が力を合わせた、ということでもあるのだろう。それぞれの人物が具体的に何をやったか、それを本書のなかで明らかにしていく。

このように、知られているようで歴史の流れも登場人物もぼんやりとしか覚えられていないアメリカ革命だが、アメリカ合衆国となる国家はそうして始まった。時代も長く、キーパーソンも多いアメリカ革命の全体を議論するうえで、本書ではある問いに沿って議論を進めたい。アメリカ革命がアメリカ合衆国の始まりを意味するのならば、それはいったい何の始まりだったのか。これである。

答えを先に言うと、成文憲法の始まりこそ、アメリカ革命の最大の功績である。今日、憲法という法律の存在を日本人は当たり前のものとして捉えている。しかし、一つの文書として憲法がまとめられているのは、人類の長い歴史上、たかだかこの数百年のことにすぎない。そのきっかけとなったのは、アメリカ革命なのだ。世界最初の成文憲法とうたわれるアメリカ合衆国憲法の影響力は、今日にいたるまで甚大である。たとえばその一〇〇年後に明治憲法が作られた際、初代首相の伊藤博文《いとうひろぶみ》が合衆国憲法を擁護した『フェデラリスト』（一七八八年）を手元につねに置いていたのは有名なエピソードだ。

成文憲法の制定に注目し、どのようにしてアメリカ合衆国憲法が作られたのか、なぜ作られたのか、制定後にどう運用されたかを追いかけることでアメリカ革命を説明する。これが本書の基本的なストーリーである。

もちろん、これは単なる抽象的な話ではない。合衆国建国は、一つの壮大な大河ドラマである。一七八七年に東海岸の都市フィラデルフィアで行われた連邦憲法制定会議は、政治的にも知的にも興奮を覚える一大事件であった。四ヵ月のあいだ、南北諸邦から集まった参加者は情報の漏洩《ろうえい》をおそれて蒸し暑い密室に閉じ込められ、侃々諤々《かんかんがくがく》の議論をかわした。当時世界一の軍事力を誇ったイギリスとの戦争をなんとか終えた弱小国アメリカは、国家発展のために智慧《ちえ》を絞った。会議の最中には、度重なる利害の対立で議論は紛糾。ようやくできあがった憲法に反対の参加者も多く、署名を拒否した者もいた。

このように意見の対立があったとはいえ、ほとんどの参加者は私的利益のためだけではなく、祖国の発展のために知力を尽くしたことは間違いない。そうしてできあがった合衆国憲法の基本的な条項は二一世紀まで存続し、その後世界の覇権を握るまでに発展する超大国の基礎を支え続けてきた。まさに智慧の結晶である。

しかし、制度を作ったからといってそれでうまくいくほど単純ではない。制度を作るのは人間であり、制度を動かすのも人間である。一筋縄ではいかない。すぐに制度の欠陥は見つかるし、その修正に奔走する。憲法制定後のアメリカはその奔走のなか次々と問題にぶつかる。そのなかで、新たな議論や思想が付け加えられ、どうにかアメリカ合衆国は発展の軌道に乗ったのだった。

その延長線上に、今日のアメリカ合衆国が覇権国家に君臨している現状からして、アメリカ革命という始まりを理解することは重要である。それは同時に、憲法についても、そして国家の始まりの意義についても、今日の私たちに大きな示唆を与えよう。

目次

革命、リヴォルーションという言葉がいつごろ、どのような経緯をへて生まれたかぼくは知らない。だが革命という言葉は、当初それが語られ、あるいは記される時、それだけで人を震駭させる何か危険な、挑発的なひびきをもっていたことは疑いない。

中平卓馬

「言葉を支える沈黙」『見続ける涯に火が…』

アメリカ革命

独立戦争から憲法制定、民主主義の拡大まで

序　章　国家が始まるということ――ローマ、アメリカ、日本

国家の始まりとは何か

何かが始まるとは、どういうことだろうか。

私たちは生きるなかで日々、始まりに直面する。生誕という始まり、そして入学、就職、結婚、出産と、何かの始まりを経験してはときに喜び、ときに悲しむ。「新しい生活が始まった」と前向きになることもあれば、「悪夢が始まってしまった……」と暗い気持ちになることもある。

しかし、「新しい生活が始まった」からといって、自分はゼロからすべて新しくなるわけではない。当然ながら、今日の自分は昨日の自分の延長線上にある。何かの始まりについて過去の経験を生かすこともあるし、かえって過去の成功に引きずられることもあるだろう。言い換えれば、始まりとは、持続の裏返しでもある。だから、ここでいう始まりとは、実際

には持続している私たちの人生を脳内でスパッと切断し、そこに新たな意味を与える行為でもある。本当は続いているはずの人生を、ここが新たな出発点だとみなす、ということだ。私たち一人ひとりにとっての始まりとは、とりあえずこのような意味と考えられる。だが、この始まりというものの主語を、個人から国家に変えてみよう。理解はいっそう難しい。ある国家が始まる、とはどういうことか。

西洋の政治思想家たちは、しばしば国家の始まりに立ち返ることで、独創的な思考を紡いできた。その代表例は古代ローマの建国についてである。一六世紀イタリアのマキャヴェッリはローマ史にヒントを得るべく、『ディスコルシ』(『ローマ史論』『リウィウス論』とも)という彼の代表作を、ローマを中心に、アテナイやヴェネツィアなどの都市国家の歴史的始原から書き始めている。先住民たちが集まって作られた場合、あるいは移住者によって作られた場合といったかたちで分類が施される。攻撃と防御にどの程度適した場所か、風土は温暖で耕作に適しているか否かなど、国家の始まりの条件をマキャヴェッリはまず論じる。

マキャヴェッリが国家の始まりを論じた理由は、国家の繁栄に必要な、市民の活力や徳がどうしたら腐敗することなく保たれるか、を検討したかったからだ。彼の答えは、私利私欲を持たない国家の創始者(立法者と呼ばれる)が宗教の力も借りて素晴らしい法律や統治機構を作り、その制度設計によって市民たちを涵養《かんよう》し続ける、というものだ。国家が発展するには、一人の立法者が作った制度がなによりも大事な基礎だ、というのである。このような国家の代表例としてマキャヴェッリがあげるのは古代ギリシャの都市国家、スパルタだ。創始者はリュクルゴスというカリスマ的な指導者であり、彼の作った法律こそ、スパルタを長年繁栄に導いたとされる。ローマはスパルタほどうまくいったわけではないが、幸運にも恵まれ、繁栄の基礎を築けた、と評価される。

そうはいっても、始まりさえうまくいけばあとは自動で発展する、などというお気楽な話をマキャヴェッリがしているわけではない。最初に繁栄の基礎がしっかり作られるとうまくいきやすい理由は、そこが原点となるからだ。「第一原理への回帰」と呼ばれる考え方、つまり国家は原点回帰をするのがよい、ということである。ある政治制度がダメになっていくのを乗り越えるためには、創設された頃の制度に立ち返るのがよい。そうすると、人々が活力や徳を維持しやすくなる、という思考だ。こうして始まりは、つねに立ち返るべき根本原理としての役割も持つようになる。現にイタリア語では、「起源」と「原理」はどちらもprincipioという同じ単語を使ってあらわされる（英語のprincipleは原理の意味しか残っていない）。国家の始まりを考えることが、その国家の原理の解明になる。これがマキャヴェッリの発見だった。

このように、国家の繁栄のためには、始まりをどうするかが決定的に重要だと考えられた。

このようなマキャヴェッリの議論は立法者論として、西洋の政治思想の伝統のなかで継承されていくことになった。

日本国の始まりと八月革命説

このようなマキャヴェッリの議論以外にも、より抽象的なかたちで、自然状態における社会契約をきっかけに国家が始まるという議論も、これまで多く唱えられてきた。西洋政治思想史におけるこの議論の延長線上に、現行の日本国の始まりを社会契約というフィクションに求める立場もある。一九四五年八月を境にして、それまでの秩序が崩壊し、自然状態といってもいいような世の中が現出した。そのなかで国民は社会契約を交わしたとの論理立てで、日本国家を理解しうる。日本国憲法は前文で、「そもそも国政は、国民の厳粛な信託によるもの」と述べている。この場合、国家の新たな始まりとは、法的な意味での革命である。

より日本国憲法に沿って法学的にいうと、八月革命説という、一九四五年八月の敗戦によって主権者が国民に移動した、とみなす議論がある。第二次世界大戦後、日本国憲法は、戦前の明治憲法の改正というかたちで制定が進められたが、国民主権を原理とする日本国憲法へとどう改正できるのかうまく説明できなかった。明治憲法では国民主権がうたわれておらず、両者がまるで連続しないからだ。

この矛盾を説明するために、一九四五年の八月にポツダム宣言を受諾した際、その内容に含まれていた国民主権原理をも認めた、そこで主権が移動したのだ、と考えるのが八月革命説である。つまり、戦前と戦後の日本には法秩序において断絶があり、新たな国家が始まった、というのだ。このように、戦後の日本が新憲法を手にしたときに革命という学説を必要としたのも、革命が始まりを意味するからだろう。

しかし、このように抽象的なかたちで国家が始まったといっても、昨日までの国民がそっくり入れ替わったわけではない。そこに住まう人たちは生活を続けるので、あまりしっくりこないとか、それどころか本当に国家の始まりなんてあるのかと、訝《いぶか》しく思う人もいるだろう。政治思想の考え方では、「太古からのもの」として、つまりいつ始まったのかがよくわからないが、記録よりもはるか昔から続くもの、として理解するような思考の仕方もある。人類の歴史がいつから始まったのかなんて誰にもよくわからないことを思い出してみれば、これも理解できる考え方だろう。

重要なのは、個人の始まり同様に、国家の始まりもまた、持続の裏返しである、ということだ。だから、国家が持続しているかいないか、という議論それ自体にはあまり意味がない。意味があるとすれば、どこに国家の始まりを見出すか、という点を問うてみることだろう。

アメリカの始まりとは何か

では、アメリカ合衆国の始まりとは何か。ここで重要になるのが、一般にアメリカ建国の出来事を意味する、アメリカ革命（American Revolution）という言葉の意味である。日本語ではアメリカの独立、あるいは独立革命などとも呼ばれるこの出来事は、英語では単にアメリカ革命と呼ばれるのが通常である。

とはいえ、一七六〇年代から一九世紀はじめまでに起きた一連の歴史的な出来事を「革命」という言葉で表すことの意味もまた、虚心坦懐《きょしんたんかい》に問い直されなくてはならない。ある事象を革命と本当に呼べるかどうかは、議論がヒートアップしやすいことがらだからだ。それは現代の政争とも直結しかねない、重要な論点である。

例をあげよう。日本国内の劇的な政治的変動といったとき、日本人にとって思い浮かぶ歴史上の出来事の一つが、明治維新だ。幕府が大政を奉還し、新しく明治政府ができる。この出来事はこれまで「維新」という名前で理解されてきた。だが、明治維新はそれまでの社会秩序を全く新しくしたものであり、「明治革命」と呼ぶほうが適切ではないか。そんな議論も最近では有力である。明治維新の英語表現はさらに興味深い。これまでは「王政復古」の意味をもつ Meiji Restoration が用いられてきたのだ。これも Meiji Revolution に置き換えたほうが理解しやすいだろう。

反対に、アメリカ革命については、一七七六年前後の連続性を強調することで、アメリカは革命というほどの劇的な変革を成し遂げたのではない、との議論も近年よくみられる。そのような主張の骨子は以下のようなものである。アメリカが独立で達成したことはといえば、ヨーロッパ諸国家間の熾烈な争いに遅れて参入したのみである。彼らが自画自賛した自由も平等も、黒人や先住民からみれば全く達成されなかった。否、それどころか、彼らの自由や平等の剝奪のうえに築き上げたものなのだから、到底首肯できるものではない。独立宣言の自由や平等といった理想の政治原理も、あくまで支配の口実に過ぎない。

アメリカ独立の革命性を否定する議論は、こうも言う。独立後のアメリカがとった政策は、大英帝国の政策の真似であり、アメリカの独立戦争は一時的な逸脱に過ぎない。長い視野で捉えれば、何ら革命的な出来事ではない。現に二一世紀になってもなお、英米の結託は続いているではないか――こんな内容の批判的な主張も、よく説かれているのである。そのように考える立場からは、アメリカで起きたのは革命ではなく、せいぜい脱植民地化(decolonization)といった程度の変化、とも言える。

もちろんこれらの主張にも一理あるだろう。だが他方で、後付けの評価によってある歴史的事象を簡単に修正してしまうことにも私たちは慎重になりたいところだ。

革命とは何か

そもそも、革命という言葉は、歴史的にはどのような意味で用いられていたのだろうか。西洋の歴史においてこの言葉は、ある政治体制が別の政治体制へと変動し、そして長い歴史のなかで元の政治体制に循環して戻ってくる（これを政体循環論と呼ぶ）という一連の流れを意味するギリシャ語、アナキュクローシスに由来する。紀元前二世紀の歴史家ポリュビオスの代表作、『歴史』のキーワードだ。

かつてはコペルニクスの『天体の回転について』（一五四三）の「回転」という言葉が革命と同じ系列の単語であったことから、天文学との関係で論じる向きもあったが、今では否定されている。革命という言葉が影響力を持った理由は、ポリュビオスの『歴史』が、一六世紀に各国語に翻訳されたためだ。アナキュクローシスという単語はその際に、革命にあたるイタリア語、フランス語、ラテン語へと翻訳された。

注意すべきは、それ以降二つの意味が混在したまま、革命という用語が使われるようになったことだ。一つ目は、ある政治体制から別の政治体制の変動という意味である。つまり、新たな政治体制が生まれる、という意味で革命という語が使われる。二つ目は長い歴史のなかで循環しているという意味である。二つ目のほうを強調すると、革命とは循環であり、ぐるぐるまわって元に戻ってくる、という意味を含む。

マキャヴェッリの『ディスコルシ』でも、ポリュビオスのアナキュクローシスは、円を意味するイタリア語（cerchio）によって理解されている。二つ目の意味である。先述のようにマキャヴェッリは、第一原理への回帰という考え方を示したが、それもこの円環的な革命概念と関連している。この考え方はそれ以降の思想家にとても評価された。アメリカ独立を目指そうとした人たちも、このようなマキャヴェッリの思考に慣れ親しんでいた。

だが肝心なのは、同時代のアメリカの人々が、革命という言葉遣いの意味を、マキャヴェッリとは異なって、一つ目の意味で捉えたことだ。「革命（revolution）」を、新しい何かを始めるものとして理解しており、自分たちの革命は、歴史に残る新たな時代の始まりだ、とみなしていたのである。例えばのちの第二代大統領、ジョン・アダムズ（John Adams, 1735-1826）は、「私たちは革命のまっただなかにいます。すべての国家の歴史のなかで、最も完璧で、予想外で、特筆すべきものです。……一三の植民地すべてが完璧な政府を打ち立てなくては、という気にならざるをえません」と一七七六年の六月に、高揚した気分も手伝って手紙にそう記している。

これは大西洋の向こう岸でも同様だった。一七八四年に、英本国でアメリカ独立を支持した牧師のリチャード・プライス（Richard Price, 1723-1791）は『アメリカ革命の重要性についての見解』を著した。アメリカ革命をプライスは、万人の自由を求めた点で「人類史における新たな時代を開始した」と称賛している。

それは、単に新しい政治体制を打ち立てれば完成、というわけでもなかった。国家を動かすのは人間であり、新しい国家の基礎を作るのは人間たちの新しい精神だ。新しい国家にふさわしい、人々のマインドの醸成も必要だと考えられた。今日では『ウェブスター辞書』によって知られ、アメリカ英語を作り上げた立役者ノア・ウェブスター（Noah Webster, 1758-1843）は一七九〇年、こう述べた。「アメリカ人の根本的な間違いは、まさに革命が始まったばかりだというのに、もう完了したと考えているところにある」。家の建築でいえば、まだ新政府という柱を建てただけで、アメリカ人の振る舞いや精神といった全体の構造はこれから作られなくてはならない――そうウェブスターは主張したのである。

このように、アメリカ革命は新たな時代の始まりである、という感覚は、同時代の人々に自覚されていたものだった。だからこそ、本書はアメリカ革命というタイトルを冠した。

誰の革命だったのか？

アメリカ合衆国が革命によって新たに始まったということがここまでわかった。次に問題になるのがその主語だ。つまり、誰が、アメリカ革命を始まりとみなしたのか、ということだ。ある英語の研究書のタイトルを借りれば、「誰の革命だったのか？（Whose revolution was it?)」という問いである。

近年、といっても数十年ほどだが、アメリカ革命をめぐる研究は大きく三つの進展をみせてきた。一つが、白人エリートにとどまらないアクターの拡大である。かつてのように、「建国の父（Founding Fathers）」に焦点をしぼって革命を記述するスタイルは、あまりに一部の人たちの見解に偏りすぎているし、実際に世の中において人々がどのように独立を実現させるために奔走したか、また賛否含めて評価したのかを無視している、と批判されてきた。

そもそも建国の「父」といったとき、女性はいないのか？という至極当たり前の疑問から、この表現は現在では避けられる傾向にある（代わりの言葉としては建国者〔founders〕などがある）。これを簡単に言うと、政治史に対して社会史、文化史や、ミクロで日常的な歴史の視点をきちんと取り入れなくてはいけないことになる。

第二に、スケールの拡大である。東海岸の沿岸部諸州に視点を集中させるのではなく、アメリカ革命をより国際的な視野や大陸の内部から検討し直す、ということだ。例えばアラン・テイラー『アメリカ諸植民地』（二〇〇一、また入門版として翻訳が出た『先住民vs.帝国』も同じ著者の手による）はこの代表例である。また、大西洋史、帝国史、グローバル・ヒストリーといった歴史学の新たな方法の流行を背景として、アメリカ合衆国の歴史を一国史としてみるべきではないとの主張も増えた。

第三に、タイムスパンの拡大である。アメリカ革命の終わりはいつなのか。従来の研究や一般書の多くは、一八一二年戦争の終結をもって終わりとすることが多かった。イギリスからアメリカは完全な独立を果たし、アメリカ人としてのナショナリズムが芽生えた、というのがその説明として採用されている。しかしこれもまた、イギリスとの関係を強調してアメリカを捉えるという点で、やや単純な理解である。むしろ、一八一〇年代は移行のただなかにあり、一八一二年戦争の終結後も、なおアメリカは完全に安定した政治体制にいたるまでの過渡期だった、という議論も最近では有力だ。この研究の進展にのっとって、本書は一八四〇年代まで、より長い時間軸でアメリカ革命を理解する。かつては、イングランドからアメリカに渡ってきたピューリタン（清教徒）がコミュニティをつくり、植民地社会を形成し、その後、その子孫たちが自由の旗のもと、アメリカをイギリスからの独立へと導いた——そんな解釈が主流だったが、さすがにそのような単純な理解は許されなくなっている。このように、日々アメリカ革命をめぐる研究も進展しているため、本書は可能な限りそれらを反映させたものとなっている。

だが、このように人物と場所と時間軸とが拡大するなかでアメリカ革命を描くとなると、別の問題が生じる。つまり、なんでもござれの革命史叙述になりかねない。多くの人たちが広い地域で躍動するさまを新書の紙幅で描くのは難しい。グローバルな展開とローカルな人生の喜怒哀楽を結びつけるような記述、つまり統一した切り口が必要である。

もちろん、アメリカの独立によって人々の運命は激変した。しかしこれ自体は、多くの政変のいずれにも言えることである。なぜアメリカの独立は「革命」と呼ばれるにふさわしいのか？　何が政変とは異なるのか？　アメリカ革命を考えるうえでは、そのような疑問に答えられなくてはならない。本書の答えは、連邦憲法という始まりである。これが統一した切り口になる。

憲法制定という始まり

だが、なぜ連邦憲法の制定（一七八七年）なのだろうか。それが人類史上の新しい試みだったからである。憲法のもとにさまざまな権利を保障され、主権国家のなかで生きる。私たちにも馴染《なじ》みのあるそんな生活は、太古の昔からあったものではない。むしろ近現代に特有のものであり、その出発点となった出来事こそが、アメリカ革命である。世界初の成文憲法（法律として書かれた憲法のこと）ともよくうたわれるように、アメリカ合衆国こそが憲法を書くという作業を初めて自覚的に実行したのだ。そしてそのような営みは明治憲法（一八八九年公布）なども含めて、世界中に伝播した。

憲法を書くという行為は、ある国家の始まりを明確にする。これは先ほど述べた日本国憲法をめぐる議論からも示唆されるところである。憲法という国家の骨格のもとで、ある国家がダイナミックに変奏していく。アメリカ以外の国家に生きる人々も、先住民や黒人といった主体の運命も変転した。彼らが自覚していようといなかろうと、彼らの人生が連邦国家あるいは連邦憲法によって影響を受けざるをえなかったのだ。

とはいえ繰り返しになるが、始まりを強調することは、個々人の人生の連続性を無視するものではない。重要なのは、始まりが確定されると、第一原理として高らかに掲げられるということである。国家が腐敗したときや、あるいは何か問題が生じたとき、どうやって問題を解決するか。原点回帰、は一つのスローガンになる。個人で考えてみれば、わかりやすいだろう。原点に戻ってシンプルに考える。それがスランプに陥った際の突破口になることは多い。

現に今日のアメリカ合衆国でも、アメリカ革命はつねに彼らの政治的理念の原点になっている。連邦憲法が制定されたとき、その起草者は何を考えていたのだろうか。それをつねに問いながら合衆国の政治や司法を運用する姿勢は、保守派に多くみられる。現在の連邦最高裁判所でも、憲法を解釈する際に、憲法のオリジナルな意味は何だったかを重視して理解しようとする姿勢は強い（原意主義《オリジナリズム》と呼ばれる）。こうして、アメリカ革命の理解は、ただちに現在のアメリカ政治に対する理解にもつながるのである。

以上のように、本書は連邦憲法を第一原理として定めるという意味で、アメリカ革命が革命だったと理解するものである。成文憲法の歴史でもアメリカ合衆国の連邦憲法に起源が求められることから、これは二重の意味を持つ。第一に、アメリカ革命における始まり、アメリカ合衆国という国家の第一原理である。これは太平洋を挟んだ超大国の現在の政治理解に寄与する。第二に、成文憲法の歴史における始まり、である。

日本でも近年、憲法改正をめぐる議論がかまびすしい。その際、そもそも憲法を書くとはどういうことなのか、成文憲法とはいったい国家においてどのような意味を持つのか――。そんな根源的な問いかけを、再度始まりに戻って検討することは、私たちの未来にとっても重要な道しるべとなるに違いない。

第1章　植民地時代――一六〇七～一七六三年

アメリカ史の起源

かつてよく教科書で習ったストーリーがある。アメリカ史の起源とは、一六二〇年にイギリスのピューリタンがアメリカ北東部のニューイングランドへ移住したことに始まる、というのがそれである。港町プリマスに上陸する直前にピューリタンたちが誓約を行ったという話は、アメリカ人の精神の原型としてよく描かれるものだ。だが、これを強調しすぎるのは歴史をあまりに単純化した見方であるとして、今日では疑問視されている。

歴史を描く際の困難の一つは、私たちがつねにその先に起きたことを知ってしまっている、ということだ。だから、あとから振り返ってみればそうであったようにみえることでも、実際に同時代に起きていたことはかなり異なることがある。これを専門的に言えば目的論的誤謬とか、時代錯誤《アナクロニズム》といったことになる。

もちろん、過去の事実それ自体が起きていなかったわけではない。ピューリタンはたしかに存在した。だがそればかりを強調するのは、未来のレンズを通して過去の特定の一部を切り取って、他の同時代の出来事を忘れてしまう危険につながる。

例えば、二〇二〇年代を生きる私たちは二二〇〇年に何が起きるか知るよしもない。仮に二二〇〇年代に宇宙人が攻めてきたとしよう。その時、日本のどこかで開発されていた謎の技術によって宇宙人が撃退できたとする。さらにその技術はもともと二〇二〇年代の日本でこっそりと考案されたのがきっかけだ、としよう（荒唐無稽な話である）。そうすると、もっとあと、例えば二四〇〇年の歴史家にとって、二〇二〇年代の日本は宇宙人対策ばかりしていた時代、と理解されかねない。これはいかにもおかしい。だがおそらく、宇宙人対策を考案したその一部の人たち以外の私たちは、存在しなかったものとして忘れられていく。未来から過去をみて、過去の特定の一部を切り取ることは、他の多くの人たちの存在を忘れてしまうことにつながるのだ。

だから、最近のアメリカ史家は過度にニューイングランドに上陸したピューリタンを強調するような主張を避けている。代わりに何が見落とされてきたのか、四点あげたい。一言で言えば、いずれもイギリスの白人を中心に描かない、ということである。

四つの新視点

まず、一六世紀後半から一七世紀のはじめにイギリスから渡ってきた人々は、決して北アメリカに先駆けとしてやってきた人々ではなかった。北米～中米に渡ってきたヨーロッパの諸帝国のうち、最も早かったのは一六世紀に渡ってきたスペインとフランスである。一六世紀はじめにアステカ帝国を攻め滅ぼした暴虐なスペイン帝国は北アメリカにも関心を抱き、一五三九年にはフロリダに進出した。同様に進出してきたフランスと争いを繰り広げつつ、フロリダやニューメキシコに植民地を作った。

スペインを脅威に感じたフランスはこれに対して、より北方を目指した。今日のカナダのケベックにあたる地域に植民地を設けたのは一六〇八年のことである。本国の貴族に人気のあった毛皮が主な目的だった。フランスは先住民同士の争いに巻き込まれつつ、勢力を拡大した。

この二国に比べればイギリスは新興勢力であり、もっと言えば弱小だった。それは彼らが南部のチェサピーク湾（今日の首都ワシントンD.C.もその沿岸にある）とニューイングランドという場所を移住先に選んだことにも表われている。

そもそもなぜ彼らがそれらの場所を移住先として選んだかといえば、スペインとフランスの勢力がいまだ十分届いていなかったからである。先駆者である両国の人々が進出していな

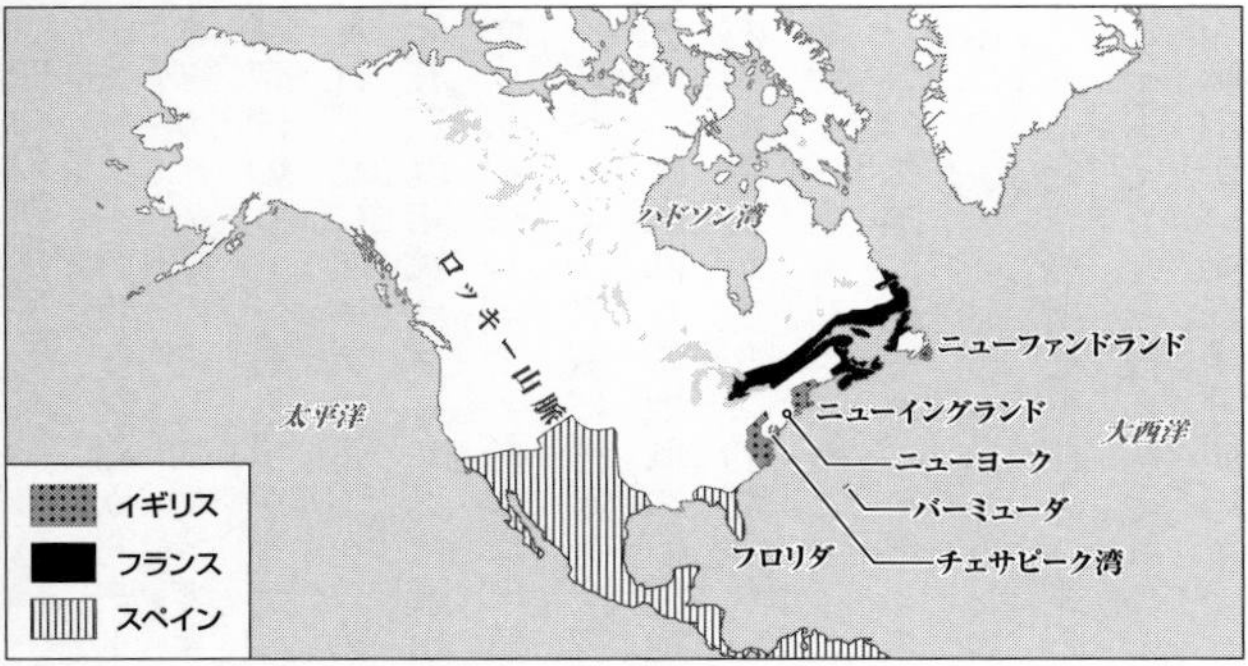

図1－1　ヨーロッパ諸国の勢力図　1650年

かったのは、残念ながらそこがあまり魅力的な場所ではなかったということだろう。より南のフロリダやキューバは気候が温暖で土地が肥沃であり、もっと北側のカナダにあたる地域は毛皮の交易にかなう場所であったため、すでにスペイン、フランスに目をつけられていた。まだまだ弱小勢力のイギリスにとって残された場所が、チェサピーク湾やニューイングランドだったわけである。

彼らイギリス系植民者の多くが病気や飢えで亡くなったのも、そのような貧弱な土地、厳しい気候の場所しか残されていなかったがゆえの悲劇である。ヴァージニアでは死亡率が高く、入植当初の一八年間で入植した七二〇〇人のうち、生き残ったのは一二〇〇人程度とカウントされている。ニューイングランドの死亡率もそれより少し低いくらいだ。

このようにイギリス系の植民地は、他の植民地との関係抜きに理解しようとしても難しい。その後イギリス系の植民者がスペイン、フランスといった他国の人たちを駆逐し、英語を話す白人が多数のアメリカ合衆国が形成されたため、英米の話ばかりが思い浮かぶが、一六～一七世紀の状況をみてみると、それは一面的に過ぎない。現在のニューヨークも、以前はオランダの植民地ニューアムステルダムだったし、スウェーデンの植民地も広がっていた。

二点目に、先住民についての記述が不足している。コロンブスが到来した一四九二年の時点で、現在のアメリカとカナダには概算で二〇〇～一〇〇〇万人の先住民が暮らしていた。それが、ヨーロッパから持ち込まれた伝染病や戦闘によって大きく人口が減ってしまった。このような衰退に加えて、先住民の実態を理解しようとする際に難しいのが、彼らが私たちの考えるような意味での文字を持っていなかったということだ。文字史料に依拠することの多い今日の西洋由来の歴史学では、正確な認識に限界がある。

だからアメリカ先住民の歴史を正確に描くのはいろんな困難があるのだが、近年強調されるのは、彼らを西洋人に滅ぼされていった可哀想な存在として描くのも一面的である、というものだ。安易なたとえは禁物だが、アニメにもなった漫画『ゴールデンカムイ』におけるかっこいいアイヌの描かれ方を思いおこせば、これは先住民史に共通する問題なのかもしれない。

いま先住民と書いたが、一括りにする仕方自体が、西洋人の目線から描いているとも言える。一七世紀はじめに使われていた言語は四〇〇とも推定される。彼らはアメリカ大陸において、西洋人が渡来するまではお互いに合従連衡《がっしょうれんこう》を繰り返し、相対立していた。だからこそ彼らのなかには新参者である西洋人を利用しようとして積極的に交易を行い、武器を手に入れ、部族同士の権力政治に勝利しようとする者も多かった。

このようにして、ヨーロッパから渡ってきた人々は、複雑な「国際政治」のパワーゲームに巻き込まれることになった。スペイン、フランスの両列強とそれに追随するイギリス、オランダの両国の人々は、本国同士の対立を反映していただけではなく、先住民間の部族対立という別のパワーポリティックスに巻き込まれ、翻弄されていったのである。

三点目として、奴隷の歴史が無視されてきた。アフリカ大陸から南北アメリカに連行され、奴隷にされた人は累計で一二五〇万人。そのうち二五〇万人が途上、病気や反乱の失敗や抗議の自死により、大西洋の藻屑《もくず》と消えた。しかしそのほとんどの歴史は二〇世紀まで無視されてきた。あるいは言及されるとしても、階級闘争の文脈に押し込まれるか、あるいは暴力的な黒人というネガティブな印象での歴史記述も多かった。二〇世紀後半から黒人の主体性に着目して徐々にその見直しが進行し、今日ではジェンダー、セクシュアリティと奴隷制や、黒人の政治思想史といった新たな研究領域が開拓されている。

とはいえ黒人と一口に言ってもその実態は多様であり、なおかつ史料の少なさゆえに困難は多々生じている。幼少期より奴隷として育てられ、主人から性的な虐待を受けたハリエット・ジェイコブズ（Harriet Jacobs, 1813/1815-1897）が一八六一年に「奴隷制によって生み出された腐敗は、どんなペンでも的確に描くことはできない」と嘆いたように、奴隷制の具体的な状況を描くのはとても難しい。統計的に白人の側から黒人奴隷の人数や使役の状況を描出したとしても、それで彼らの苦悩をおしはかることにはつながらないからである。そもそも歴史史料としても、白人の側に偏っているため、中立的な記述が不可能なところもある。だが、公民権運動から今日のＢＬＭ運動にいたるまで、現実政治との関係のなかでなんとかして歴史が掘り起こされている最中である。

最後の四点目に、王党派（王に敬意を払い、イギリスからの独立に反対した人々のこと）など、さまざまな政治的立場の人たちが忘却されてきた。今までのアメリカ植民地史は、ともすれば民主主義の発展、自由の獲得といった肯定的な政治イメージとともに語られてきた。だが、これも自由主義陣営の大国、さらには自由の女神などといったアメリカのイメージを過去に投影したに過ぎない。

当時のアメリカはもっといろいろな政治的な立場があり、そしてもっとごちゃごちゃしたものだった。革命の時には一致団結して独立を目指したというイメージもあるが、そんなことはない。実際には五人に一〜二人は独立を望んでいなかったといわれており、積極的に国王への忠誠を誓い続けようとする人たちは、独立派に抑圧され、本国に戻ったり、隣のイギリス植民地だったカナダなどに逃れていくことになった。ここでも、彼らの歴史は近年まで意図的に忘却されてきた、と言えるだろう。

まとめると、ピューリタニズムやイギリス系の植民者を中心に理解することで見逃されてきたアメリカ史が、たくさんあるのである。

このような諸要素を織り交ぜつつ、ここからはイギリス系の植民地を中心に、革命に至る道のりを歩んでいきたい。

三種類の植民地

イギリス系植民地は三種類に分けられる。順に王領（royal）植民地、領主（proprietary）植民地、自治（corporate）植民地である。

王領植民地は、文字通りイギリスの国王の領地を意味する。一七世紀はじめの植民地は領主植民地として出発したものの、すぐに王領植民地に変更された。その例としてはヴァージニア（一六二四年〜）、ニューハンプシャー（一六七九年〜）などがある。のちにアメリカとなる一三植民地以外にも、ジャマイカや、もっと南の島でいえばバルバドスなどカリブに浮かぶ島々も王領植民地として重視された。

領主植民地は、国王がある特定の人物や複数の有力者たちを領主として、植民地を下賜するものである。代表的な例としてウィリアム・ペンが領主として一六八二年に設けたペンシルヴェニアがある。ほかにはメリーランド、デラウェアといったところがあった。

図１－２　13植民地　1775年

最後に自治植民地だが、これはロードアイランドとコネティカットの二つである。特許状を団体に付与してあとは植民地に広範な権限が委ねられた。自治、という言葉通り、ここでは王や総督の権限は及ばず、そのためか革命の時に、一三の植民地がまとまろうとするなか独自路線を歩むこともあった。またこの二つは邦《ほう》（のちの州）の憲法を独立時に制定せず、それまでの政治体制を存続させた。

このような植民地の国制（constitution——イギリスには成文憲法がないため、憲法ではなく国制と訳すことが多い）は、異なる三つの

図1－3　西インド諸島

次元に分けられる。①本国（イングランド、加えて一七〇七年の合邦以降はスコットランドも含む）の国制、②植民地の国制、そして③本国と植民地を一括りにしてその関係を規定する帝国の国制である。

まずは植民地の国制がどこからやってきたかという帝国の次元で考えたい。一言で言えば、イギリスの国王とその取り巻き（枢密院という）が植民地の統轄をしていた。ここで重要なのは、一六世紀末の植民地開拓の端緒において、本国議会は植民地に対して政治権力を持っていなかったと考えられていたことである。本国議会はあくまで本国の国内のことがらについてのみ統治していたので、基本的に植民地は無関係だったということだ。これがのちのち、第2章で描かれる独立の際の論争で問題となるので、頭の片隅にとどめておいてもらえたらと思う。

国王と枢密院は特許状を発行することで、植民地の開

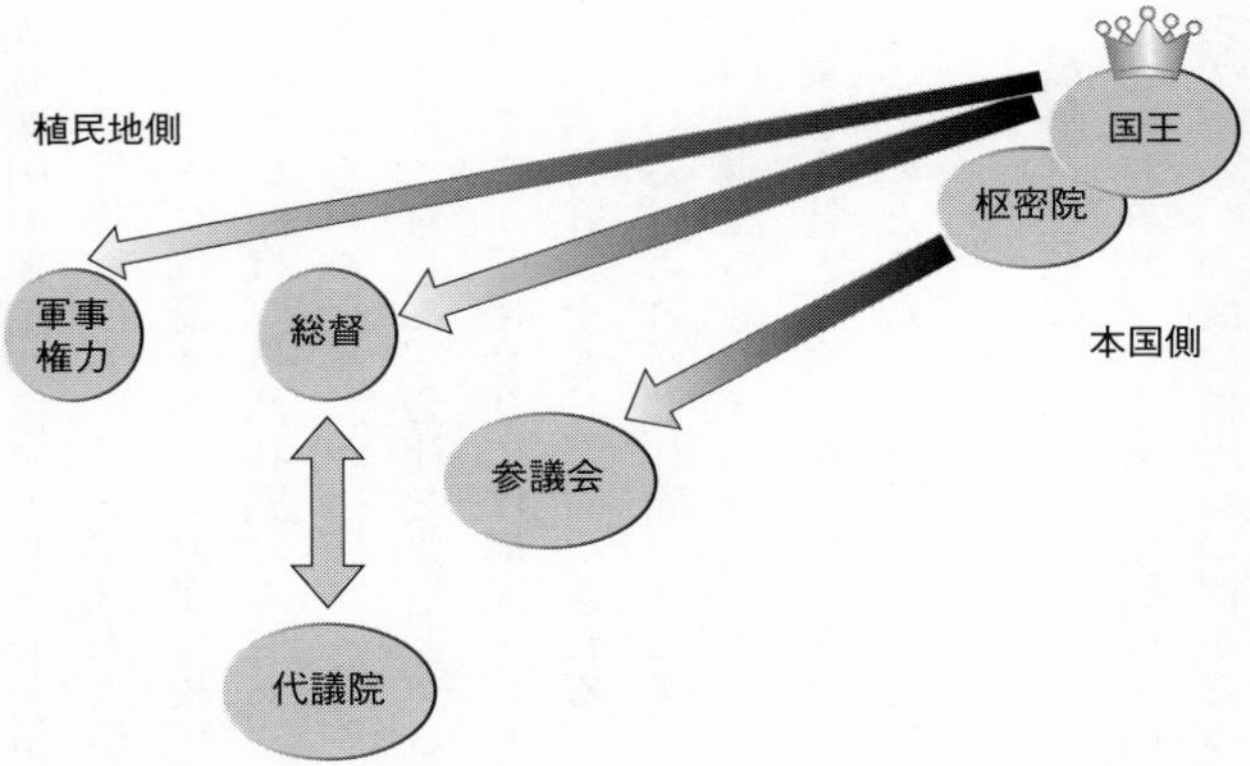

図１－４　植民地の国制

拓者に対してさまざまな権限を委譲した。この特許状というやつは、かなり面白い。近年では、近代国家の起源として特許状に着目することも増えた。つまり、今日では国家と会社という別の形態に思われるものが、かつては同根であり、さらに言えば国家のスタイルを形作ったのは実は会社でもあったということである。東インド会社によるオランダ、フランス、イギリスのアジア進出を例にとるとイメージしやすいかもしれないが、アメリカでも同様である。例えばヴァージニア植民地は、もともとヴァージニア会社として始まった。

会社を起源とする国家

専門的なことを言っておくと、会社を起源として国家を理解することは、アメリカの国家の起源をめぐる理論的刷新につながる。これまでアメリカ合衆国の理論的根拠として有力視されてきたのは、人民（people）の契約というものである。自然状態においてまずは人々が集まって社会を形成し、そののち統治者を選んでそれに従うことに同意する。これが学校で習うような、よくある社会契約の理論である。しかしこれについては、自然状態なんてあるのか、とか、私は契約を結んだ覚えはありませんが、とか、いろいろな難点が指摘されてきた。

これに対して、会社を典型とするような団体論では、特許状を通じてこの難点を回避できる。あらかじめ会社には構成メンバーがいて、彼らがどのような権限を会社に委ねているのかが、特許状を通じて明示される。その権限以外は構成メンバーに最終的な決定権が保持されている。これが団体論によるアメリカという国家の捉え方である。これによって社会契約という議論のもつどこかフィクションのようなストーリーを回避できる。そのうえ今日では国家と会社とは官と民というかたちで対比的に捉えられることも多いから、その根っこを共通のものとみなすのは面白い。近年このような議論が流行っているわけである。

特許状は武器である

この特許状というものは植民者の側から請願、つまり国王にお願いすることでもらえたものである。今度は植民者の側からみてみたい。なぜ特許状が必要とされたのか。

もちろん最大の理由は、自分たちが他のイングランドの人間に対して権利を主張できたからである。新しく見つかった土地や財産について、所有権を排他的に主張できる。だがこれだけではない。

イングランドから船に乗って、はるばるヴァージニアに到着した光景を想像してみてほしい。見渡す限り人の手が入っていないような広大な土地。まずは先住民と交易をするか、土地を耕すかして、食べ物を確保しなくてはいけない。土地は硬く作物はあまり育たない。多くの同胞、友人が亡くなる。先住民を征服しようとした入植者は、殺し合いの喧嘩になる。そしてまた先住民と同じくらい怖いのは、スペイン人である。彼らもいつなんどき攻めてくるかわからない。しっかりとした要塞を作って、備えなくてはならない。

先住民と他のヨーロッパ人に対してあなたは無力である。だから、一つの武器に頼ることにした。それが、特許状である。自分が生まれた国の王様の後ろ盾である。もっと言えば、法律という、武力にもときにはまさる武器である。

特許状が与えられた以上、自分はイングランドの臣民としての権利がある。こういうアピールになる。これは他のヨーロッパ人に対しても威力を発揮した。イングランドのルールはなんとなくでもみな知っているし、所有権などは多くのヨーロッパの人に共通の考え方だ。それをないがしろにすることは難しい。

植民地の人たちに本国の法は関係ないじゃないかと思われるかもしれないが、ちょうど一六〇八年にカルヴィン判決が下され、イングランドの君主の臣民であれば、イングランドで生まれておらずとも、枢密院に上訴すれば、イングランド人としての権利が保証される、という法原理が確立されていた。これによって、植民地と本国との結びつきが強まった。カルヴィン判決は直接的にはスコットランドとイングランドの関係を検討したものだったが、それは同時に多くの植民地にも適用されるものとなったのである。こうして、イギリスはさまざまな海外の領土にいる臣民に対して、権利を保護するようになった。

先住民はどうだろうか。先住民も、イングランドの法的な思考に支配されることがあった。それもまた、ヨーロッパ諸国の外交関係に起因するものである。

どういうことか。それまでのヨーロッパからの先住民の扱いは、異教徒であるがゆえにキリスト教徒の征服が認められ、征服によって統治の権利が生まれる、というものであった。スペインがアステカやインカを滅ぼした際に使われた論理である。

だが、教皇を至上とするカトリックの支配に対抗する国教会をもつイングランドは、別の論理を立てた。一歩間違えればすぐに戦闘相手となる強敵の先住民たちを、条約を結べる対等な地位にある人たちとみなしたのだ。それによって戦闘を回避すると同時に、スペインとは違う態度をとることで、イングランドのアメリカ大陸における権利を主張したのだった。

一方では征服は人道に反するというような論理をスペインに突きつけつつ、他方で実効的支配を条約という手段によって広げていくというしたたかな戦略である。

もちろん言語も満足には通じぬ相手同士だったから、このような法による平和構築にも当然限界はあり、結局のところ先住民と植民者たちは相互に殺し合うことにはなるが、一定の効果を発揮したと言える。

これらは、先住民と他のヨーロッパ人という潜在的な敵に対して効果的なだけではない。もちろん、イギリス人同士の揉め事を解決する際にも役立つ。植民地に裁判所ができた。どうしても決着がつかない場合には、本国の枢密院を上級裁判所として活用できる。法的なしくみとセットで必要なのは政治的なしくみである。彼らは新しいアイディアがあるわけでもなく、もともと暮らしていた本国の政治体制をコピーした。彼ら自身の議会の形成である。完コピとまではいかなかったので、徐々に問題が生じることにはなるのだが、とりあえずは軌道に乗った。植民地の国制の始まりである。

「有益な怠慢」は誤り

さて、これらの植民地は約二〇〇年のあいださまざまな歴史のなかで翻弄されつつ、独立へと流れこんでいくことになった。その際忘れてはならないのが、本国イングランドにおける政治・外交的な出来事である。

よく言われるのが、植民地は本国とあまりに距離が遠かったので好き勝手に政治的に行動できたという俗説である。英本国の政治家エドマンド・バーク（Edmund Burke, 1729-1797）は、一七七五年に議会の演説でこれを「有益な怠慢」と呼んだ。

だがよくみてみると、バークの理解とは裏腹に、英本国が大西洋を越えてあの手この手で植民地のコントロールをはかろうとしていたことも事実なのである。どこまで、どのようにして国王と枢密院が植民地に関心を持ったか、実際に政治的な影響を及ぼしたかは時代時代に応じて細かな違いがみられる。これを便宜的に、①エリザベス女王～ジェームズ一世まで（～一六二五）、②チャールズ一世・イングランド内乱期（一六二五～一六四九）、③共和政期（一六四九～一六六一）、④復古王政期（一六六一～一六八九）、⑤名誉革命体制前期（一六八九～一七二一）、⑥ウォルポール政権とそれ以降（一七二一～一七六三）と分けて、順にみていきたい。

①エリザベス女王～ジェームズ一世まで

そもそもイギリスがアメリカに興味を持ち出した一六世紀の後半、具体的には一五七八年あたりだが、どうしてイギリスはアメリカ大陸への進出を試みたのだろうか。交易、宣教といった理由があるが、大きな理由の一つに外交上の問題がある。具体的には、スペインとの対立である。

イギリスは一五八五年から一六〇四年までスペインと戦争状態にあった。サッカーW杯のスペイン戦のたびにスポーツ紙の見出しにおどる「無敵艦隊」の時代である。だいたいスペインが負けると沈没というオチをつけられるので四年に一回かわいそうだなと思ってみているのだが、そもそもこの戦争は、一五七八年にイギリスがスペインから独立しようとしていたオランダを支援したことで関係が悪化したのが発端である。さらにその遠因としてはカトリックを信じるスペインと、宗教改革時にカトリックに対抗してプロテスタントの国教会を打ち立てたイングランドとの対立があった。

このようにしてイギリスが新しい大陸の植民地を目指した際、その根っこにある考え方は外交上の問題と宗教的なもの、経済的なものが不可分に結びついているというものだった。地理学者リチャード・ハクルートが一五八四年に著した『西方への植民』を読むと、それがよく表れている。我々が植民すればスペインの発展を妨げられ、真の宗教を広めることができ、先住民との交易によって本国も繁栄する。一石三鳥というわけだ。そのような帝国論、植民論に基づいて、女王エリザベス一世はウォルター・ローリー（Walter Raleigh, c. 1552-1618）を派遣した。しかし当初は全く定着せず、派遣者ごと消失するという不可解な事件も起きたりした。

一六〇三年にエリザベス一世が亡くなり、子孫を残さず後継者も指名しなかったためチューダー朝は途絶え、新しくステュアート朝になる。エリザベス女王には子どもがいなかったので、スコットランド王ジェームズ六世が、同君連合としてイングランド王ジェームズ一世となった。彼はスペインに対して融和的な態度をとり、翌一六〇四年にはロンドン条約を締結した。これによってスペインの手が及んでいない領域のみ、イギリスの植民が許可された。ヴァージニア会社の特許が一六〇六年というタイミングでおりたのもそれゆえである。

それ以外にもニューファンドランド（一六一〇）とバーミューダ（一六一五）に会社が設立され、植民が送り込まれた。ジェームズ一世にとって植民地は、利益という点ではあまり魅力はなかった。だからエリザベス一世の頃から引き続いて、国王と枢密院はそこまでの関心を植民地に払わなかった。お金儲けにならなそうだったからである。特許状を発行して、臣民に開拓を委ねることにしたわけだ。

他方でスペインの領域に侵入したり、諍《いさか》いを起こすことには厳罰を処した。一六一八年に処刑されたウォルター・ローリーはその例である。また国王は、先住民との争いに対しても厳しくのぞみ、その例としてヴァージニア会社は一六二四年に解散させられたのだった。

②チャールズ一世・イングランド内乱期

ジェームズ一世の次の王様、チャールズ一世が王位につくと、状況は変わった。制度的な発展も進んだ。植民者の数が徐々に増えていき、それにともなって国王への請願も増加した。とても多忙な国王は自分と取り巻きだけでは対処しきれなくなった。そこで、枢密院内の行政的なしくみが発達した。

チャールズ一世は領主植民地を好み、自分の気に入る貴族たちを領主として、アメリカの土地を与えた。カーライル伯爵のようにバルバドスなど多くのカリブの島々を所有する者が登場した。領主ではなく会社経営によって植民が進んだ場所は、プロヴィデンス島（現在はコロンビアに属するプロビデンシア）とバーミューダのみである。これらの動きに対してニューイングランドは、本国の介入を逃れ独自の発展を遂げていった。だが経済的な関係という意味では本国との協力関係にあることは間違いなかった。植民地では生産できない必需品は大西洋を渡る船によって得るしかなく、また新たな植民者も受け入れていた。

このように、国王、本国との関係で植民地の政治経済は進展していったが、ここで問題が生じる。本国で一六四〇年から国王と議会とが険悪な関係になり、内戦の果てに一六四九年には国王が処刑されてしまったのである。イングランド内乱（ピューリタン革命と呼ばれることとも）である。こうして、わずか一一年間ながら、イングランド史上例をみぬ共和政が誕生した。

ここで困るのは、植民地である。もともと本国の王様に対して従属していた彼らの多くは、内乱において王朝に忠誠を誓い続けるべきか、議会の側につくか悩むことになる。交易や防衛について、植民地は本国との関係が不可欠であったため、ただの対岸の火事ではなかった。

③共和政期

植民地の対応は、それぞれの風土や置かれた状況によって異なるものだった。相対的に王権から独立したニューイングランドでは、王党派はあまり多くなかった。また本国への混乱に乗じて先住民が強気の姿勢をとるのではないかと恐れ、利害の一致した植民地同士で同盟関係を形成したりした。

とはいえ多くの植民地は、中立を保とうとした。本国における政治的な対立が植民地に飛び火し、実際の戦闘になることをなにより恐れたからである。王領植民地ヴァージニアは本国との交易を王党派のみに制限しようとしたが、議会の反発にあい挫折した。だが、王領植民地でもカトリックがそれなりにいたメリーランドでは、実際に内戦が勃発した。

他方でバルバドスのように、うまく中立を保てるところもあった。砂糖栽培の重要拠点ゆえ、本国のどちらの党派も自分の味方をするように圧力をかけたが、カリブの小さな、しかしすべての植民地のなかでも人がかなり多く住んでいた島バルバドスは、オランダ船が出入りする場所でもあったため、それを駆け引きの道具として用い、中立をうまく保った。これ以外にも各植民地はそれぞれの異なる事情によってさまざまな応対を本国の内乱に対してみせたのだった。

皮肉なことに、一六四九年にチャールズ一世が処刑されるとかえって状況は悪化した。もはや中立を保てなくなり、かといって新政府に対して忠誠を誓いたくもない六つの植民地が反旗を翻したのだ。アンティグア、バルバドス、バーミューダ、メリーランド、ニューファンドランド、ヴァージニアである。王の弑逆《しいぎゃく》は、それほど青天の霹靂《へきれき》だったということでもある。反乱に対して本国は強圧的な対策をとり、それらの植民地への禁輸を命じたうえ、鎮圧のため海軍を送り込んだ。これも前代未聞である。新政府のリーダー、オリヴァー・クロムウェルがスペイン領の征服も企《たくら》んでいたためだ。結果、三年後の一六五二年までにこれらの反乱は新政府軍によって鎮圧された。

鎮圧間近の一六五一年、新政府は航海法を制定し、すべてのイギリス商人に大西洋での貿易を許可したが、その代わりにオランダの商人を締め出した。クロムウェルは従来の方法を変更し、本国の強権を植民地に対して行使したのだ。これに対して植民地の商人たちは自由貿易にこだわり、本国の命令を無視して他国と貿易をひそかに続けることもあった。そして当然オランダとの関係も悪化し、その後一六七〇年代まで、三度にわたる断続的な戦争が起きた。一六五八年にクロムウェルは亡くなり、息子リチャードによる継承後すぐに政治的動乱が再び生じると、わずか一一年間でイングランドの共和政は幕を閉じた。

④復古王政期

結局イングランドは再び君主政に戻り、チャールズ二世が即位した。彼の治世における植民地統治は二面性をもつ。チャールズ二世とその側近たちは共和政期の強圧的な政策を嫌ったが、すでに内乱勃発からの二〇年間で多くの変化が生じており、時計の針を巻き戻すことは困難だった。一見するとクロムウェルの植民地政策の否定をうたいながら、それまでの政策を実際には継承した例も多い。したがってこの時期は、それまでの君主政下の政策と、共和政期の政策とが絡み合うことになった。

一方ではニューヨークやニュージャージー（一六七四年のオランダとの和平によりイギリスへ割譲された）、またペンシルヴェニア（一六八二）といった領主植民地を新たに設置し、自治を許すことで植民を増やそうとした。その背景にあったのはこれらの植民地がもつ民族的な多様性である。オランダはもちろん、スウェーデンやドイツ、フランスからの移民が多く存在していたため、それらの人々の共存を可能にするしくみが必要だった。ペンシルヴェニアは宗教的マイノリティだったクェーカーのウィリアム・ペンに与えられた領地であり、宗教的な寛容という目的もあった。

他方で、ニューイングランドに対しては本国の権限を強めた。自由な貿易を望み、航海法にあまり従おうとしなかったこれらの地域は、弟のジェームズ二世が国王に即位すると服従を強いられ、最終的にはニュージャージーと合わせて一つの植民地、ドミニオン・オブ・ニューイングランドへと統合された。

⑤名誉革命体制前期

だが本国ではすぐさま、再び変転が生じた。名誉革命の勃発である。これは新たな君主ウィリアム三世とメアリ二世をオランダから戴くという結果をもたらした。以降、植民地をいかに統治するかが再び議論の的となった。

この結果、一六九六年に植民地の監督のために新設されたのが、商務省（the Board of Trade）である。これは枢密院の委員会の持っていた権限を継承したものであり、各植民地の総督に対して指示を下すほか、日常的な行政ルーティーンを担当した。彼らの業務は枢密院へと報告された。つまり、植民地を担当する官庁というようなイメージである。

多くの思想家はこの商務省の役割に期待した。『統治二論』で知られる政治思想家ジョン・ロック（John Locke, 1632-1704）は商務省の委員として植民地行政に関与した。彼は一六六〇年代にカロライナの憲法を構想しており、『統治二論』にペンシルヴェニア植民地をめぐる政論の影響を読み込む者もいるほど、植民地との結びつきは強い。またロックほど一般に知られた思想家ではないが、チャールズ・ダヴナントも『イングランドの公収入および交易論』（一六九七年）を著し、航海法の厳守や商務省による監督によって、植民地を従属させようと提唱した。

とはいえ本国のゴタゴタに乗じてこの時期、植民地では特許状の更新によって自治権を拡大したところも多かった。一六九一年のマサチューセッツや一七〇一年のペンシルヴェニアはその代表例である。これはフランスとの戦争のために植民地といざこざを起こしたくないウィリアム三世の譲歩の産物でもある。この結果、植民地の下院議会の勃興が各地でみられ、これにともなって植民地の政治エリートが登場した。彼らは本国の庶民院の権限に似たものを植民地において確立したが、その背景にあったのは本国への劣等意識だった。本国に追いつけとの意識こそが彼らの政治的権限の拡大をもたらしたと言える。

⑥ウォルポール政権とそれ以降

以上のような植民地の政治権力の増大は、本国の政治状況と表裏一体の関係となった。それは、一七二一年から一七四二年にわたって続いた、ロバート・ウォルポール（Robert Walpole, 1676-1745）による長期政権である。彼はイングランドにおいて自由放任の経済政策をうち、一定の成果をあげた。この国内的な経済政策の手法を、彼は植民地にも援用した。このような自由放任の政策の結果困ったのが、本国から赴任する総督である。従来は本国の支援のもと植民地政治に対して権力を行使していたのが、期待できなくなってしまった。その結果、総督は現地で政治的な支援者を求めなくてはいけなくなり、植民地の複雑な政治対立に巻き込まれていった。この流れはその後も継承され、植民地の側は自治を享受した。

だが本国は、次第に軍事的な強化を強めていく。一八世紀のイギリスは財政軍事国家とも呼ばれるように中央行政の権限が拡大されていった時期であった。商務省の権力もそれにともなって強化され、再び本国は徐々に植民地への介入を強めた。これは一七六三年のあとに突然変化したものと思われることも多いが、実際には一七四八年頃から生じたものである。本国政治においてもこれは対立を生んだが、フランスとの対立など国際情勢の緊迫化にともなって、イギリスは帝国全体のコントロールを厳しくするようになった。このようにして、フランス、オーストリアなどと戦う七年戦争へと流れこみ、一七六三年のパリ条約によってイギリスは帝国としての道を着実に歩んでいくことになる。

総督と植民地議会の対立

このように本国と植民地とは綱引きをするような関係で、本国がコントロールしようとしたり、そうかと思えば放任されることもあった。植民地からしたらいい迷惑である。これを今度は植民地側からみてみよう。

基本的に植民地の人間にとっては、自分たちの利益を代弁する植民地議会が最も重要な存在である。本国の官僚や、本国から赴任する総督は、これに対して自分たちに歯止めをかける存在と思われていたため、基本的には対立が増える。あえてざっくり言えば、植民地アメリカの基本的な政治構造は、総督と、代議院という植民地議会との対立が基本である（図1－4）。

この対立がなかなか解消されなかった理由の一つとしては、本国と植民地とでどのような政治権力がそれぞれ配分されているのかについての意見の食い違いがあった、ということがあげられる。

本国側の言い分はこうである。もともと植民地は王の領地であるか、王から特許状によって権力を与えられたとはいえ、それは王、つまり本国側が変更可能なものである。基本的に立法権を植民地の議会に対して与えたということは認めるが、その立法を拒否したり、裁判する権力は総督にあるはずである。

これに対して、植民地側はもっと自分たちに政治権力があると思っている。王から特許状によって与えられた権力は完全に植民地に譲渡されており、そのなかには立法権、執行権、裁判権も入っている。本国の側に残されている権力など基本的に存在しないのだから、自分たちのことは自分たちですべて自治していいはずである。

このように双方の言い分が食い違うと、総督としては自分に正当に付与されている権力を植民地の人間が勝手に行使していると考える（総督から本国へのそのような不満が実際報告されている）し、代議院の側も同様に、自分たちの政治権力を総督が奪っていると感じる。これではなかなか溝は埋まらない。

コモン・ローをめぐる意見の相違

法律の根っこにある考え方にも、本国と植民地とでは違いがあった。どの程度イングランドのコモン・ローが適用されるのか、というものである。コモン・ローとは、もともとイングランドの領域全体に共通する法律のことである。何か一つの憲法のようなものがあるわけではなく、長年の時間の蓄積のなかで築き上げてきた法的な慣習を基礎に置くというものだ。それが有効なルールになるのは、長年人々がそのルールに従ってきたからだと考える。むろん、もともとはイギリス由来の各植民地も、このコモン・ローの考え方を共有していた。

だがここで問題となるのは、一つ一つの植民地にも植民地の法慣習があるのではないか？という問いである。はじめて北アメリカの地をイギリスの植民者が踏んでから、独立まで二〇〇年近い時が経過している。とすればそのようなそれなりに長い時間のなかで、もはや植民地には本国とは違う独自のコモン・ローが存在するのではないか、という考え方も登場した。

さらに、イングランド系住民以外にもコモン・ローが適用されることへの反発も起きた。例えば名誉革命直後のニューヨークでは、イギリス化に反発したドイツ系商人による反乱が起きた。これが引き金となってニューヨークの政治は混乱し、二つの党派間の争いが長らく続くといった不安定な状況をもたらした。そのなかで帝国の統治者たちとニューヨーク生まれのエリート、そしてフロンティアを拡大する入植者のあいだで法文化の理解をめぐっていざこざが生じたりした。それは本国と植民地のあいだの問題ではなく、植民地の人々同士の対立でもあった。そしてこの対立は、独立後の政治にも悪影響を及ぼすことになる。

このようにして、本国と植民地には共通点も多々存在すると同時に違いも当然存在し、そしてその違いこそが彼らの対立を根深いものとしていたとも言える。

参議会

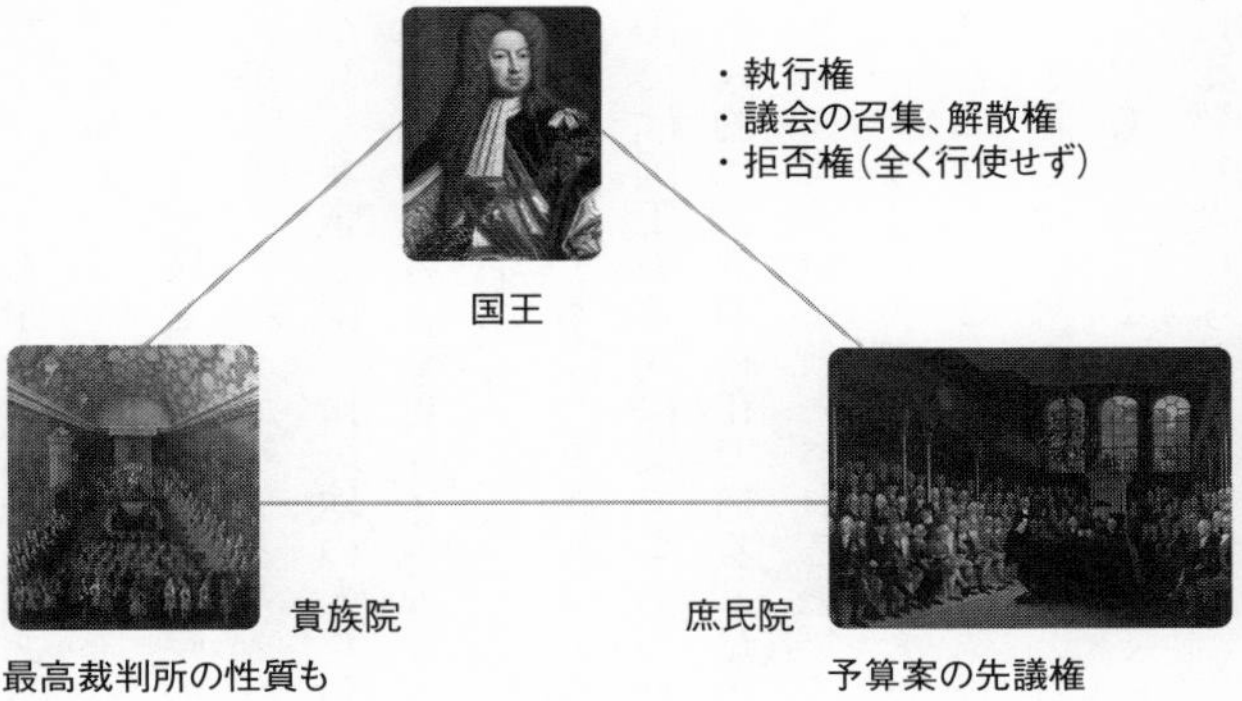

図1－5　18世紀イギリスの混合政体

このような状況に対する一つの解決策は、二つの対立する党派の緩衝となるような第三の存在を設ける、というものである。

アメリカの人たちはイギリスの国制がトライアングルによって成り立っていることに気づいていた。これは「混合政体」というものである。つまり、イギリス本国の政治は、誰か一人、あるいは一つの機関が強大な権力を持っているのではなく、三つの部分が混合して法律を作る権力を共有しているという国のしくみである。

詳しくは長くなるので割愛するが、重要なのは、イギリスでは国王、貴族院、庶民院という三つの異なる政治アクターが政治を行っていたということだ。そして、アメリカ植民地の人たちはこれを肯定的に評価していた。それにひきかえ、植民地の政治機関は総督と代議院の二つしかなく、しかも争ってばかりである。

だったら三つ目を作ればいいのでは？と思うのは自然な思考の流れである。具体的には、参議会という機関を、本国の貴族院のような組織に作り上げようとした。それによって、バランスがうまくとれるだろうと考えたのである。

しかし、参議会は、植民地の人たちが考えていた以上に強大な権力を持つに至り、結果的には本国のしくみとも異なると捉えられた。例えば総督を務めたトマス・パウナルは、『植民地の統治』（一七六五）において参議会を「奇妙な逸脱」と表現する。つまり、この第三の政治的存在は、本国の貴族院のようにみえるが中身は全く異なってしまった。

本国では国王の諮問機関でもあった枢密院と、立法府の一院であった貴族院とは、少なくとも形式的には別の存在である。だが植民地では、この二つの役割とさらには裁判所の役割もがすべて参議会に統一されるという事態に陥ってしまった。したがって本来は総督と代議院のバランサーの役割を期待された参議会が、かえって強大すぎる権力を持ってしまったということになる。この結果として総督の権限は削られることになり、また代議院の側にとっても、参議会は総督の味方をしていると捉えられ、かえって植民地の政治は混沌《こんとん》としていくばかりであった。これが独立をめぐる論争と、そして独立後のアメリカ合衆国の新たな統治機構に影響を及ぼすことになる。

人々の暮らしと暴力

さて、ここからはお堅い話ではなく、実際に人々がどのように生き、暮らしていたのかをもう少し考えよう。

一言で言えば、植民地の当時の暮らしは今日の常識とは大きくかけ離れている。さまざまな暴力とさまざまな支配が氾濫しているようにうつるのである。

根強く存在したのは、のちにフランスから来た思想家トクヴィル（Alexis de Tocqueville, 1805-1859）が感嘆したように、自治の精神である。自分たちのことは自分たちで決める、という意志である。先述のように、これは民主政の起源と研究者によっては考えられたりする。

そのなかでまず彼らが行ったのは、土地を耕して食物を確保するという、生存のために必須のことがらである。ヴァージニアでは、年季奉公人として移住する者が多く、決して裕福ではなかった。ピューリタンが宗教的な理由で移住を選択したニューイングランドでは、上陸直後に先住民と交易を始め、当初は友好な関係にもみえた。ヴァージニアでも同様だったものの、次第に先住民との関係は悪化していく。一六二二年には先住民が植民地の人々を殺害したため報復として先住民を殺戮《さつりく》するが、拷問や四肢の切断といった残虐な行為をともなった。このような残虐さは先住民と植民者の双方にみられた。ニューイングランドでも、先

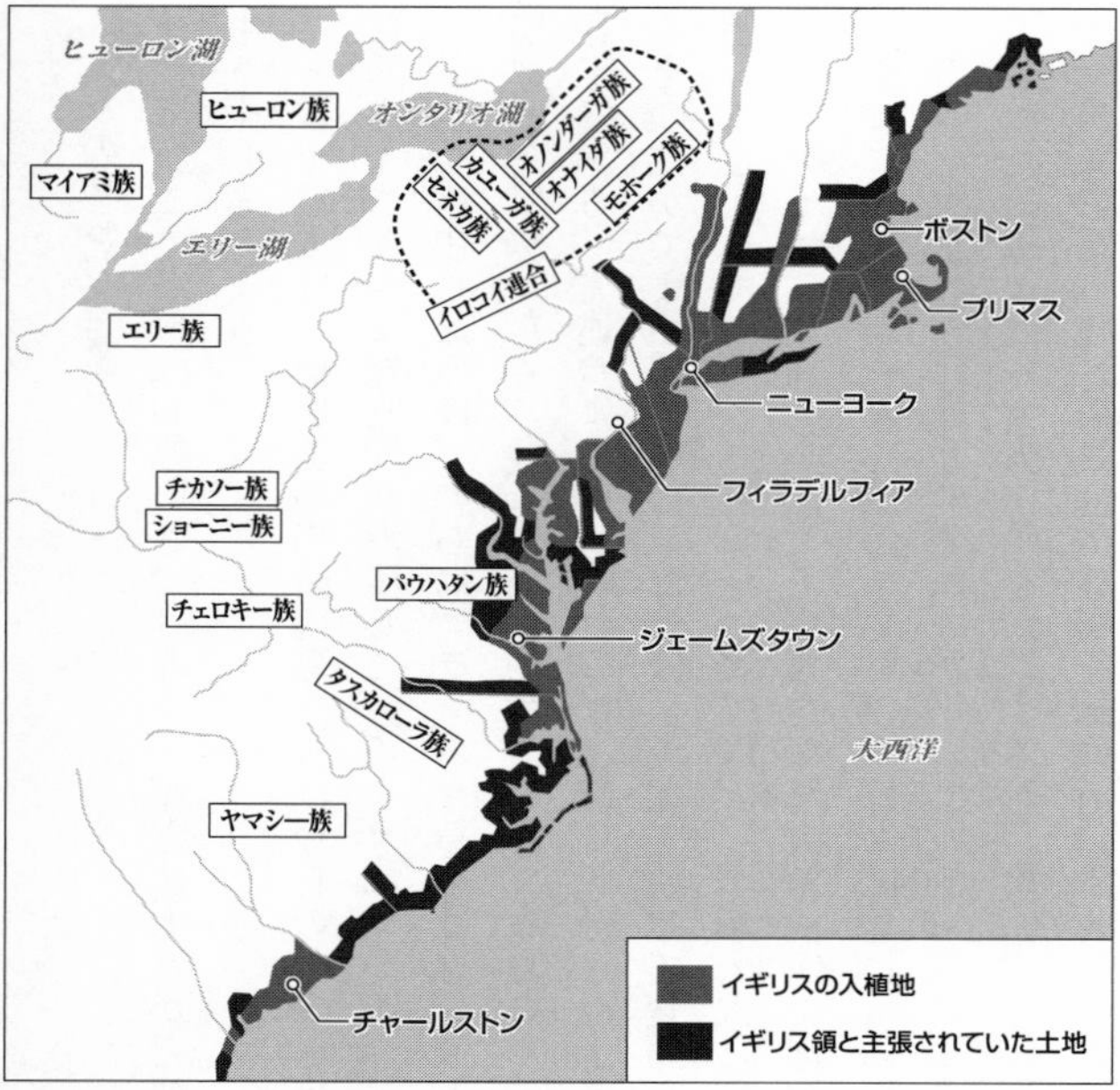

図1－6　17世紀末のイギリスの入植地と代表的な先住民

住民との戦いは激化し、一六七五年にはフィリップ王戦争という名の争いが起きた。

このような対立構造は、先住民対植民者という二項対立によるものだけではない。先住民の部族によっても対応の仕方は異なったし、また植民者の側も争いを避ける者はいた。しかしこれが植民地内部の対立を引き起こす。例えば一六七六年にヴァージニアで起きたベーコンの乱はその一例である。発端はヴァージニアの大農園主によって辺境に追いやられた植民者が、そこで先住民といざこざを新たに起こしたため、軍の派遣をお願いしたことだ。だが時の総督は先住民に対して強権的な姿勢をとらなかった。これが植民者の内部対立を引き起こし、最終的にはナサニエル・ベーコンを指導者とする、総督や政治支配層への反乱となったのだった。

このように、先住民をめぐる対立は一筋縄で説明のつくものではない。

とはいえ一つ言えるのは、このような白人入植者内部の対立を緩和する解決策としてとられたのが黒人奴隷制であったということだ。反乱が鎮圧されたのち、ヴァージニアでは経済的な理由からより安価で使いやすい労働力に頼るようになった。結果、年季奉公人の数は減少し、また白人同士は黒人奴隷の集団逃亡と反乱に備えて共同戦線を張ることとなった。

また、依然として貧しい白人も、反乱を起こすよりかは先住民を襲うほうが安全と考えるようになった。こうして先住民は度重なる攻撃と貧困と伝染病のうちに衰退していくことになる。こうなると白人の側も対等な強敵として先住民をみなさなくなり、かえって一八世紀のヴァージニアでは関係が友好的になるという皮肉な結果を生んだ。

家庭と労働

入植者は、入植当初高い死亡率にさいなまされた。またヴァージニアでは男性の年季奉公人の入植が多かったことから、ジェンダーバランスもいびつだった。それでは社会が継続して成り立たないため、ヴァージニア会社は船代を無料としたうえ持参金も付与して、女性の移住を募った。

それ以外にも植民地からの結婚相手募集広告で招き寄せることもあれば、しまいには「品行方正でない者」が強制的に送られることもあった。例えば一六九二年には、午後一〇時以降に外出した女性たち数十人がヴァージニアに送られたとの記録がある。

そうして送られた植民地の家庭は、一言で言えば、家父長制の支配する場所だった。夫、妻、子どもたち、召使たちによって家族は構成されていた。のちに奴隷がそこに加わった。子どもの数も今とは比べられないほど多く、一〇人以上いる家庭もざらだった。

女性は家庭で従属せられることが多かった。しかし社会進出のきっかけもあった。ニューイングランドでは宗教教義ゆえに貞淑が求められることが多かったが、先述のフィリップ王戦争の結果、銃後を支えた女性の社会進出が生じた。マサチューセッツは一六〇〇年代の後半に人口が一万五〇〇〇人から五万人に増加した。このため、稼ぎを得られる場所が世の中に増えていた。これも女性が独立した稼ぎ手となる風潮を後押しした。

そんな植民者たちはどうやってお金稼ぎをしていたのだろうか。家政の問題である。これも風土によってだいぶ違う。

基本的に共通しているのは、彼らが植民地の人間だったことである。つまり、本国との交易関係が重要だったから、本国にとって希少性の高いものを生み出すとお金になる。希少性の高いものとは、具体的にはタバコと砂糖である。これらは本国では気候の問題で生産できないから、特にカリブの島々ではたくさん生産された。南部の植民地は、インディゴも生産した。これに対してニューイングランドは基本的に本国とそこまで気候の違いがない。したがって、希少価値の高いものは生産できない。漁業や林業に励むと同時に、海運業で儲けた。

アメリカ植民地の商業は、ローカルな経済で完結するものではなく、つねにヨーロッパやアフリカ大陸、カリブ諸島とつながっていた。例えば、サウスカロライナのトマス・ナイチンゲールは一七四〇年には近接する先住民との交易によって儲けるほか、馬の鞍の製作によって生計を立てていた。次第に貯金が増えると彼は新たな職業を始める。それがアフリカ西海岸から連行された黒人をオークションによって売りさばくものだった。このように、一人の人物が長い人生のなかで植民地経済のさまざまな分野に関わり、そのなかで立身出世をはかることもしばしばみられた。

さまざまな信仰

そのような彼らの人生の、特に重要な要素だったのが宗教である。植民地がさまざまな背景を持っていたことから察せられるように、彼らの信じる宗教も種類が多々あった。

ニューイングランドではピューリタン会衆派が圧倒的マジョリティであったのはよく知られているが、それ以外にも南部諸邦はイングランド国教会を、メリーランドではカトリック教会を、そしてペンシルヴェニアではクェーカー派を信奉するといった違いがあった。ただし、基本的にはプロテスタントが大勢を占めた。プロテスタントは聖書を読むことが推奨されたため識字率がとても高く、半数以上が読み書き可能であったのではないかとの推算もある。「プロテスタント帝国」と、独立以前のアメリカ植民地を含めて一七〜一八世紀のイギリスを呼ぶ向きもある。

以上のように、一三植民地のそれぞれの状況は実に多様だった。しかし、それらを束ねているのが英本国であるという点では彼らは共通性をも持っていた。彼らを互いに対立した多様な(もっと言えばバラバラな)ものとみなすか、英本国のもとに一つに統合された帝国とみなすかは今でも争いがある。

だがこれらは結局力点の違いにすぎず、おそらくどちらも正しいのだろう。バラバラではあるが共通のものもある。まさに今日のアメリカのスローガン、「多から成る一」は植民地期に胚胎していたのである。そして、一三の植民地がいがみ合いながらもいっせいに抗議の声をあげることができたのも、そのような共通性ゆえだろう。次章で描くような独立への道は、ひそかに築かれていたのである。

第2章　独立——一七六三〜一七八七年

一七七七年、独立戦争まっただなかのニュージャージー邦。現在はスウィーズボロ(Swedesboro)と呼ばれる場所でのことである。ニルス・コリンという牧師が戦いで負傷した兵士のために祈りを捧げていた。これだけならよくある光景だったかもしれない。しかし、彼は英語ではなくドイツ語で祈っていた。相手がドイツ人兵だったからである。そしてコリンは、スウェーデン国教会の牧師だった。ここに教会があるのも、彼が移住してきたのも、かつてここがスウェーデンの植民地だったからである。

コリン自身は英米の戦いに中立を保ち、血を流す争いは教義に反するとして反対していた。しかし英兵にもニュージャージーの民兵にも幾度も彼は捕らえられ、スパイと疑われたりと、悲惨な目にあう。彼が残した日記にはそのような彼自身の被害のみならず、戦いにいくのを拒んだ植民地人に対する暴力沙汰など、多くの悲惨な現実がつづられている。

私たちは、アメリカの独立戦争というと、ついイギリス本国と一三の植民地の対決として捉えてしまう。しかし、その戦争に参加し、あるいは否応《いやおう》なく巻き込まれた人々はもっと多様であり、そこには多くの絡み合った複雑な人間関係、国際関係が存在したのである。本章はその過程を描く。

「代表なくして課税なし」は本当か

なぜ、アメリカは独立、本国との戦争に至ったのか。経緯をみていきたい。イギリスは、九年間に及ぶフランスとの覇権戦争を制し、一七六三年のパリ条約によって帝国としての地位をあげた。だが逆に、この戦争こそがアメリカを手放す原因になったのは、よく知られた事実である。

つまり、植民地への課税とそれに対する植民地の反発の激化である。一七六五年の印紙法がいちばん有名な例だ。これはすぐに撤回されたが、続く宣言法はなお本国の強権発動を可能にした。しかも、戦後も防衛のために英軍を植民地に駐留させたため、これが植民地にとっては脅威にうつった。このような本国側の政策に対する植民地側の反発こそ、「代表なくして課税なし」なのである。本国議会に植民地の代表がいないなかで、同意なしに課税が決められるのは認められない。二〇一四年の日本の衆議院解散時に首相が表明したように、後世異なる文脈でも用いられるほど、このフレーズは肯定的なイメージで知られている。ただ気をつけたいのは、この「代表なくして課税なし」がどれほど妥当な発言かである。私たちがアメリカの独立について学校で習うとき、よくあるイメージはイングランド本国が悪であり、アメリカが善、というやや単純な図式である。しかし、これはアメリカ側に偏った記述であるとも言える。なぜならば、本国には本国なりの論拠があったからである。

経済学の勃興

そもそも「代表なくして課税なし」といった際の誤解は、本国側がみな課税を支持し、それを圧政として植民地側がみな反発した、と思えてしまう点にある。だが、課税政策の導入は、本国と植民地の対立でもなければ、一七六三年に突如として起きたものでもない。

これは当時勃興しつつあった経済学（例えばアダム・スミスの『国富論』出版は一七七六年であり、独立宣言と同じ年である）の重要問題だった。フランスとの戦争のため国家収入を増やす必要があったイギリスにとって、その方法が議論となったということだ。具体的には課税によって戦費調達をすべきなのか、むしろ税を抑えて人々の自由な消費活動を促進すべきか、という議論が、一七五〇年代以降政治家たちのあいだで広範に交わされていた。植民地でも、ニューヨーク邦の科学者にして副総督を務めたキャドワラダー・コールデンのように、消費活動が人々の道徳的退廃につながるのではないかと警鐘を鳴らす者もいた。そういう人物からすれば、課税はむしろ歓迎すべきものとも思われたのである。したがって、課税を植民地の人間がみな忌避していた、との理解は一面的である。

選挙なくても課税あり——議会主権

また代表なくして課税なしと言った際に私たちは、それが当時の自明の常識であり、英本国が破ってしまったというような印象をつい受けてしまうが、それは国民の参政権が保障されている今日の価値観に引きずられすぎである。英本国は彼らの原理を持っていた。それが、議会主権と呼ばれるものである。今の日本では国民主権がうたわれているため馴染みが薄い考え方かもしれないが、イギリスでは今日でも議会に主権が置かれている。

議会に主権があるとは、どういうことか。それは、議会の構成主体である国王、貴族院、庶民院三つが対等な関係とされ、その三つが合わさって至高の権力を持つ、という考え方である。これは名誉革命の結果、王の権限を制約するために、王が議会内にいることを定めたことから生じたユニークな特性だ。さらにその背景には、第1章で述べた、混合政体という古代以来の理想の政治体制論があった。

議会が至高の権力を持つということは、いったん立法がされれば、それに対していかなるものも反論できない。「議会は本性上不可能であること以外は何でもできる」。当時を代表する法学者ウィリアム・ブラックストン（William Blackstone, 1723-1780）は端的に述べた。違憲立法審査権も含めて、もし議会権限に待ったをかけるような存在が現れたら、それは主権という観念を破壊してしまう。だから、植民地人が課税に対して待ったをかけるのを認めるわけにはいかない。

そしてそのような主権論のもとで、トマス・ウェイトリーといった本国の政治家は、植民地人の言う「代表なくして課税なし」を否定した。当時のイギリス議会は、今よりはるかに参政権が制限されていた。庶民院の有権者は全人口の数％のみである。しかも腐敗選挙区といったものがあった。国民のほとんどが参政権を持ち、投票をして代表を送り込んで、といった現代日本のような状況は存在しなかったのである。つまり九割以上の人々は、自分が選んでいない議員によって法律を定められるという、いわば「選挙なくても課税あり」の状況だった。とすれば、本国の議員からすればなぜこの本国の状況が植民地にもあてはまらないのか、半ば本気でよくわからなかっただろう。

これに対して、例えば本国でも大ピット（フランス革命の際に首相として活躍する小ピットの父）のように課税の場合には通常立法と異なって人々の同意が必要である、というかたちで反論をすることはあったが、少数にとどまった。議会主権論はとても強力な論理だったのだ。一七六九年にはウィリアム・ノックスが『現在の国情』を著し、これを体系化して論じた。アメリカ建国史研究の第一人者であるゴードン・ウッドは、結局のところ議会主権に反論できる議論が植民地側にはなかったと論じ、論争のレベルでは英本国に軍配をあげている。

だから、英本国に対抗するためには別の議論が必要とされた。そもそも、本国議会に植民地に対する立法権はないという議論が浮上する。それがドミニオン・セオリーと呼ばれるものである。ドミニオンとは、自治権を持つイギリスの植民地を意味する。

本国との法的なつながり？

議会の権限が及ぶのはあくまで領域内にとどまるが、そもそも植民地は設立当初から領域の外であるとみなされてきたのであり、だから立法権限は及ばない、というのがこの理論の中身である。

第1章でみたように、たしかに邦の植民地はそれぞれ独自の政治機構を持っており、そのなかには代議院と呼ばれる議会も存在するところが多かった。また植民地によっては、特許状を与えられた段階で王からさまざまな政治的権力を完全に移譲されており、とすれば、本国議会は立法権を植民地に対して持たないのではないか、と考えられたのも決して理由がないわけではない。

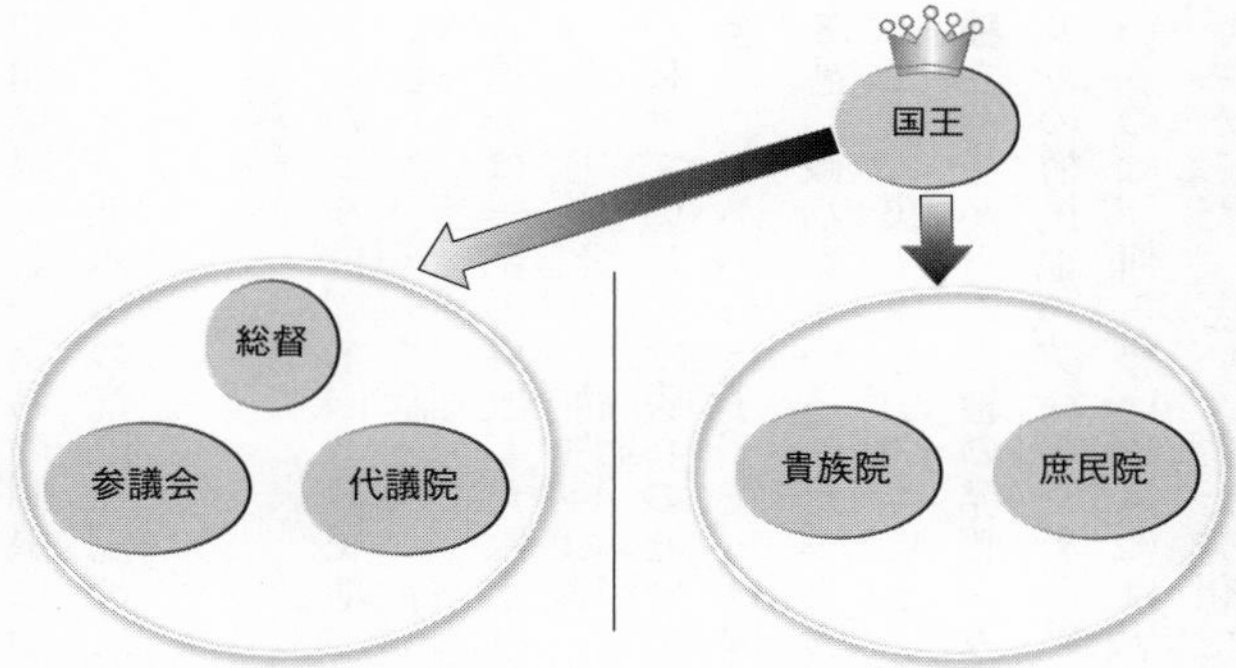

図2－1　ドミニオン・セオリー

しかしこの議論は、複雑な本国と植民地との関係を歴史的に考えなくてはならないため、議論は錯綜した。英本国があの手この手で介入をしようとしたことも第1章でみた通りだし、なによりこの議論の最大の問題は、王のいない共和政の時代にも、植民地が本国のコントロールに服したという事実を説明できなくなってしまう点にある。

仮に完全に植民地が入植時に切り離された存在であるとしたら、共和政に変更した際にその支配は及ばないはずだった。もちろん植民地によっては第1章でみたように、共和政政府に反旗を翻したところもあったが、これは一部に過ぎなかった。

だから、本国からすると、歴史的にも議会の支配が行われたことがあるのだから、どうして今またそれを否定しようとするのかわからない、ということになってしまう。植民地側ではこれを受けて議論を航海法の問題に限定し、交易の制限については本国の権限を認めるが、植民地内部への課税権限はない、と一部本国の権限を認めて譲歩をすることで乗り越えようとする者もいた。

陰謀論

このように、本国と植民地、どちらもどうも話がかみ合わない。そもそも議論の前提が全然違うのだから、話がかみ合わないのもやむなしという気もするが、アメリカ側は、このすれ違いは一部の腐敗した政治家がこちらの言うことを無視して自分の利益を追求しているからだ、と考えた。面白いのは、彼らは国王ジョージ三世には信頼を置いており、今回の抗争が起きているのは腹心のせいである、と考えた点である。ピューリタン革命や名誉革命が起きたにもかかわらず、彼らは国王への忠誠は誓うのである。だから、国王の周囲に国王を操る悪い政治家がいるのだ、と考えた。

これは裏で糸を引いている一部の悪い奴がいるという陰謀論的発想であり、アメリカでは独立前後からこの種の発想がみられた、と考えられてきた。逆に英本国からすれば、北アメリカの植民地の防衛のために戦い、さらには和平後も防衛のために軍隊を送り込んでいるというのは、何ら悪い政策には思えない。にもかかわらず植民地が反発してくるのは悪い輩がいるからだ、という似た発想で植民地を糾弾するものも現れた。

このように、お互いの論争は結局のところ溝を埋めることにはつながらず、かえってお互いの立場を意固地なものとしただけに終わってしまったと言える。日米問わず陰謀論は今日でも考えなくてはいけないトピックだが、そのヒントもここらへんに求められそうである。

群衆の抵抗運動

断っておくと、反英抗争は、以上のような小難しい抽象的な論争レベルにとどまっていたわけではない。むしろ民衆レベルでは、それがしばしば暴動として展開されていたことも見逃せない。

アメリカでは反英抗争が激化する以前にこうした暴動はあまり存在しなかった。しかし多くの印刷物に対する課税を定めた印紙法の報《しら》せが届くと、職人や商人は過激な抗議運動を繰り広げた。今のようにインターネットなどない時代、ほとんどのコミュニケーションは紙で行われたのだから、これは大問題である。抗議運動で最も有名なのはボストンで一七六五年に起きた、トマス・ハチンソン（Thomas Hutchinson, 1711-1780）副総督の邸宅の襲撃だ。

これに対して、すぐさま危険な群衆暴動を抑えるための組織が、植民地内部で作られた。それが「自由の息子たち（Sons of Liberty）」であり、これによって抵抗運動は過激化することなく、本国の製品の不買運動などを通じて行うことが可能となった。政治家サミュエル・

アダムズ（Samuel Adams, 1722-1803）を中心に抵抗運動は組織化され、マサチューセッツを超えて一三植民地のネットワークへと発展した。このボイコットには、女性の抗議運動があったことも見逃してはならない。

また、このような抗議運動は大西洋を越えた。おりしも本国では、王権を批判するジョン・ウィルクスを中心とする政府への反対運動が巻き起こっており、「自由の息子たち」はこれを応援すべく、当時の植民地を代表するパンフレット、ジョン・ディキンソン（John Dickinson, 1732-1808）の『ペンシルヴェニア農夫からの手紙』もロンドンのウィルクスに向けて贈られた。

他方、群衆運動が単に反英の行動としてのみ取られていたのではないことにも注意が必要である。南部での暴動は、支配階級であったジェントリに対するヨーマン（独立自営農民）のものだった。例えば独立前夜のヴァージニアでは五〇万弱の人口のうち、約二〇万人がヨーマンとも言われ、大農園主に対して敵対的な態度をとった。彼らは本国への輸出を主な収入としていたため、輸出入が禁じられると、いっせいに反発したのだった。このような国内での階級対立を、アメリカ革命勃発の主要因とする解釈はこの一〇〇年ほど論じられてきたが、今日でも刷新され続け、依然として有力である。

王党派と王への忠誠

一七七〇年三月、投石などによって抗議運動を行っていたボストンの市民に対して英軍が発砲し、五名が死亡した。このボストン虐殺と呼ばれる出来事をターニングポイントとして、両者の対立は徐々に流血沙汰となっていった。そのなかで、植民地においてもどのように態度を表明すべきかをめぐって意見の対立が生じるようになる。とりわけ問題となったのは、王への忠誠を保つかどうか、というものだ。

近年の研究で物議を醸した議論がある。それはアメリカ革命が「王党派革命（royalist revolution）」だった、というものである。今までアメリカ革命は、独立宣言で国王に対する異議申し立てをしたことや、独立後は

図２－２　ボストン虐殺の記事

君主を戴かなかったことから、共和政を打ち立てた革命であると考えられてきた。それに対して、あくまでアメリカの人々が反対したのは議会に対してであって、国王に対してではなかった、むしろ彼らは前の世紀の王様を理想として独立を果たしたのだ、と修正するような議論が登場した。それが「王党派革命」という語の意味である。

結論から言うと、この研究は強引な歴史解釈の面もあるため少数説にとどまっているが、私たちに再考を促すところもある。つまり、実際アメリカ植民地の人の多くは依然として遠く離れた国王に愛着があったし、表象としても、政治制度の点でもその影響下にあったという点を見逃してはならないのである。実際、国王ジョージ三世の肖像画や像が依然として植民地では広く存在していた。一七六八年にマサチューセッツ議会がとった態度はそのようなものへの典型的な反応を示している。彼らは本国に対する抵抗について検討するなかでなお、「我々の共通の長である国王」と表すことにためらいがなかった。それほど彼らの臣従はあつく、また内面化されていたのである。

政治制度としても、独立前後の連続性はみてとれる。植民地に、本国の国王にも似た総督(governor)という官職があったことはすでに触れた。これは独立以後も、知事(訳語を分けているだけで、原語は同じくgovernor)として、各植民地に共通の役職として残り続けた。これは決して国王と同一視してはならないが、独立以降の邦の国制や合衆国憲法においても、

図2－3　ボストン茶会事件

植民地時代の総督の制度構造と、連続したものがあると言える。これについて詳しくはまた第3章で論じる。

大陸会議、招集

一七七三年一二月、有名なボストン茶会事件が起きる。アメリカ植民地の自由な交易を妨げ、東インド会社の茶を独占的に運び込んだ英本国に対して、アメリカの人々はボイコットのため、茶を海に放り投げた。これを問題とみた本国議会は報復として、四つの法案を矢継ぎ早に可決した。ボストン港法、マサチューセッツ統治法、裁判権法、宿営法の四つであり、俗にまとめて強圧諸法（アメリカ側の名称は「耐えがたき諸法」）と呼ばれる。

これに対してマサチューセッツ支援のため団結する必要がある、とみた一三の植民地（厳密には、ジョージアは不参加）は一七七四年の九月にはじめて集結した。場所はペンシルヴェニア邦の中心都市、フィラデルフィアである。今でも歴史的な施設が多く残り、建国史好きには一日観光で過ごせる場所である。街の中心部には今でも黒人のホームレスが多く生活しており、過去と現在とが交錯する場所でもある。

第一回大陸会議というこの集まりでは、マサチューセッツ統治法が撤回されるまで交易を拒否するサフォーク決議が議論された。これにより植民地の生産物を輸出しないことになった。しかし軍事的な抵抗を認めるか、和解を急ぐかは意見の一致をみず、来年の第二回大陸会議開催を決定し、一〇月に解散した。

なおここで一つ考えなくてはいけないこととして、なぜ集まったのが一三邦だったのか、という疑問がある。当時の北中米において、一三植民地はあくまでイギリスの植民地の半分未満に過ぎない。ほかにもジャマイカやバルバドスといったカリブの島々や、ケベックなども存在した。だがこれらの植民地は課税に耐え、アメリカの独立後も英植民地にとどまった。それはなぜなのだろうか。

これは今でも論争の続く歴史学上の問題だが、カリブの島々の社会、経済構造が北アメリカ大陸の植民地とは大きく異なっていた点は重要だ。島々の土地所有者は頻繁に英本国と行き来するか、そもそも本国在住のまま島から利益をあげていた。加えて、それらの植民地人ロにおける黒人奴隷の割合は一三邦よりも高く、そのため島の白人は反乱を恐れ、英軍を歓迎していた。これは英軍の常駐を激しく拒んだ一三邦とは対照的である。また砂糖の生産を独占しようとした島々では、本国との経済的な関係が格段に重要だった。これらの状況に照らして、ジャマイカやバルバドスは英植民地に残ったほうが有利とみていたのではないか、と考えられている。

ジェファソンの論説

一七七四年の第一回大陸会議開催の頃になると、植民地側の本国批判も新たな様相をみせる。国王に対しても批判の矢が飛んだのである。その主はトマス・ジェファソン（Thomas Jefferson, 1743-1826）、のちの第三代大統領である。ヴァージニアの大農家であり、邦の弁護士、政治家として頭角を現しつつあった彼は、『意見の要約』（一七七四）において、より直接的に国王の問題ではないかと論じ、注目を浴びた。

図２－４　トマス・ジェファソン

それ以外にも、イングランドの混合政体を否定する議論が登場した。スコットランドに生まれ、ペンシルヴェニアに移住してきた弁護士ジェイムズ・ウィルソン（James Wilson, 1742-1798）は『ブリテン議会の立法権の性質と範囲についての考察』において、本国ブラックストン流の議会主権論を否定し、庶民院のみがイングランド国制の中核であるとの解釈を示した。これらは一七七六年一月のトマス・ペイン（Thomas Paine, 1737-1809）の『コモン・センス』と相まって、独立の機運を高めていくことに貢献した。

独立戦争が始まる

一七七五年、ついに戦闘の火蓋がきられた。場所はレキシントン・コンコード間。マサチューセッツ州ボストンから三〇キロほどの距離にあるところである。今でも戦闘のあった場所には記念碑が建てられており、またコンコードの古戦場跡の近くにはのちにヘンリー・デイヴィッド・ソロー（Henry David Thoreau, 1817-1862）が住んだウォールデン池や、ラルフ・ウォルドー・エマソン（Ralph Waldo Emerson, 1803-1882）、ナサニエル・ホーソーン（Nathaniel Hawthorne, 1804-1864）ら一九世紀の作家たちゆかりの地がある。

この戦闘は小競り合いといったものではあったが、ここから本国と植民地の対決は不可避になり、戦闘が続いた。一七七五年五月にアメリカがタイコンデロガ砦《とりで》を落とし、六月には英海軍の拠点ボストンを包囲した。バンカーヒルの戦いと呼ばれるこの戦いは英軍の勝利に

図2－5　静かなコンコードの古戦場跡と記念碑

終わったが、戦争の存続が英軍にも危ぶまれるなど、実際は痛み分けといったところだった。この戦闘で大陸会議の代表も務めたマサチューセッツの有力者ジョゼフ・ウォーレンが亡くなり、他方で英軍は本国から増援が来るなど、両者はあとに引けなくなっていった。

戦端が開かれると第二回大陸会議が招集され、対応を協議した。一三植民地を束ねた軍隊の創設が決まり、ジョージ・ワシントンを総司令官とすることが満場一致で決められた。このときワシントンは四三歳、ヴァージニアを代表する軍人だった。タバコの農園主の家に生まれたワシントンは一七五四年から始まったフレンチ・インディアン戦争で頭角を現すと、その高潔な人格によってカリスマ的な人気を博した。

ワシントンらを派遣すると同時に、大陸会議はなお一縷《いちる》の望みを託して、ジョージ三世に請願を出した。オリーブの枝請願、つまり国王に剣をおさめてほしい、というお願いである。だがこれは失敗に終わった。こうなるともう、両者譲る

図2－6　ジョージ・ワシントン

に譲れず、戦争への道を突き進むことになった。大陸軍はカナダへも侵攻し、ケベックシティに迫ったが、ケベック植民地のカールトン総督の前に敗北を喫し、カナダを制圧してフランス系住民を味方につける作戦は大失敗に終わった。

独立宣言

一七七六年七月四日は、アメリカ人にとって特別な日付である。映画『大脱走』でも、スティーヴ・マックィーン演じる主人公のアメリカ人捕虜が七月四日に星条旗を掲げて収容所内を行進する印象的なシーンがあるが、今でもアメリカでは毎年欠かさずお祭りが行われているほどである。

半ば神話のように神々しい瞬間としてアメリカで記憶されている独立宣言は、戦争のさなかに示された。その一節、「我々は、次の真理は自明なものと信じている。すなわち、人はすべて平等に造られている。人はすべてその創造主によって、誰にも譲ることのできない一定の権利を与えられており、その権利のなかには、生命、自由、そして幸福の追求が含まれている」はとりわけ強烈な印象を残す。まず草稿を書いたのはジェファソンであり、そこに

図2－7　独立宣言

ジョン・アダムズ、ベンジャミン・フランクリン（Benjamin Franklin, 1706-1790）らが手を加え、最後に大陸会議全体で加筆修正を加えた。議長ジョン・ハンコック（John Hancock, 1737-1793）ら、当時を代表する政治家による集合知の産物である。

しかしこの表現は同時に、本国からは再反論の隙を残してしまった。それが奴隷制をめぐる問題である。つまり、人はすべて平等に作られているというなら、なぜ新大陸には奴隷がいるのですか、というもっともな反撃である。この頃英本国では徐々に奴隷解放運動の動きが高まりをみせつつあった。一七七二年にはサマーセット判決という奴隷解放にとって転機となる司法判断が下されていた。そのような英国人からみて、奴隷制は格好の攻撃の種だった。

図2－8　フィリス・ウィートリー

実際、独立宣言を起草したジェファソンはこの矛盾に気づいていたのか、「遠隔地の人々の生命と自由という最も神聖な権利を侵し、その人々を地球上の別の半球へ奴隷として捕まえて運び、移送の際に悲惨な死に至らしめた」と、非難の表現を草稿に書いている。だがこれは論争的すぎて、一三植民地の内部分裂を起こしかねないとして、修正段階で削除された。

ちなみに一七六〇年代以降、植民地で起きていた奴隷解放の動きもある。それは決して倫理的なものではない。英本国の側が奴隷たちに、プランター（農園主）から独立して本国側につけば、解放を確約する、というきわめて政治的な意味を持っていた。一七七五年、ヴァージニア総督ダンモアがそのような部隊を作ったのは今日よく知られている。黒人奴隷をめぐる白人同士の論争は、倫理的な皮を被りつつも、政治的な取引の意図が強かったことは多い。建国期の黒人政治思想史の代表的存在である詩人フィリス・ウィートリー（Phillis Wheatley, 1753-1784）のように、北部において解放され詩集を刊行した者もいたりするが、それはやはりごく一部のきわめて幸運な例と言わねばならないだろう。

さて黒人と並ぶ独立宣言のもう一つの限界が、図2－7をみれば一目瞭然だが、女性もここに入っていないということである。同時代には、ジョン・アダムズの妻アビゲイル（Abigail Adams, 1744-1818）が夫への書簡のなかでこの点を批判している。あなたたちは代表なくして課税なしといった批判をしていたが、女性たちもまた代表がいないので、それなら法に従わないぞ、という主張である。このように、独立宣言そのものの思想史的先駆性はなお揺るがないとしても、手放しの称賛はできないだろう。

図2－9　アビゲイル・アダムズ

余談ながら、独立宣言の絵はのち一八一八年に画家のジョン・トランブルによって描かれたものであり、忠実に当時の様子を再現したものではない。実際以上に輝かしい瞬間として、荘厳な雰囲気を与えられているようだ。アメリカ革命の歴史は、そのようにつねに神話化しようとする向きと、反対に神話を破壊しようとする向きが存在する。その間で、綱引きが行われてきたのがアメリカ革命の歴史叙述だと言えるかもしれない。これは、栄光あると思しき歴史にはつねに敗者や弱者が存在するという難しさゆえである。例えば、明治維新（明治革命）について、石光真《いしみつま》人《ひと》『ある明治人の記録』を読むのと読まないのとではかなり印象が違う、といったように。

邦政府での憲法制定

アメリカ独立の過程をもう少しみていこう。独立宣言と同じくらい重要なのは、同時期にそれぞれの邦で憲法制定が進んだことである。当たり前だが、独立したら今までの政治体制を変更しなくてはいけないので、新しく憲法を作りましょう、ということになる。

これは一七七六年以降、集中的にそれぞれの邦で行われた。同年五月に大陸会議から新政府設立の要請が出たのもあるし、それにともなって多くの邦が従ったモデルも存在した。それが第二代大統領ジョン・アダムズによって書かれた『政府論』である。それぞれの邦がバラバラな政治体制をとると団結に差し障りが出るかもしれないので、ある程度は類似したものが作られるように、との意図があったし、一月に刊行されたトマス・ペイン『コモン・センス』の急進的な議論に対抗しようとの目的も同時にあった。『政府論』の特徴は、依然として混合政体的な色が強いことである。

だが、以降制定された各邦の憲法にはさまざま独自の特徴がある。いくつか紹介しよう。まずはヴァージニア憲法（一七七六）であるが、これはヴァージニアを代表する政治家ジョージ・メイソン（George Mason, 1725-1792）によって起草された。この憲法ははじめての成文憲法として知られており、また権利章典の存在によっても有名である。そこで定められた政治制度は、執行権を持つ知事の権力が諮問機関である参議会や代議院（議会）によって弱められたものだった。

同じ年に作られたペンシルヴェニア憲法は、全くテイストが違う。はるかに急進的なのだ。これには理由がある。ジョン・ディキンソンらペンシルヴェニアの代表は一七七六年七月の独立宣言に最後まで署名をためらった。これはペンシルヴェニア邦内から反発を招き、政治的な指導力を彼らは失ってしまう。この隙をついて憲法制定の権力を行使したのが、ジョージ・ブライアンなどペインの『コモン・センス』に影響を受けた急進的な政治家たちであり、彼らは一院制、白人男性の普通選挙など、それまでに類をみない民主的なペンシルヴェニア憲法を作り上げたのである。これはのちにフランス革命の政治思想に大きな影響を与えた。

このように、邦憲法はそれぞれ独自の特徴を持っており、なかにはのちの連邦憲法や他国の革命の議論に影響を与えた制度設計もある。

他の例として有名なのはニューヨーク憲法（一七七七）とマサチューセッツ憲法（一七八〇）である。ニューヨークは当時富裕な商人が牛耳る邦であり、そのためペンシルヴェニアとは反対に知事の権限を強固なものにしようと目論み、修正参議会という独自の政治制度を打ち立てた。これは議会に対抗するために、知事と判事とが合同で拒否権を持つ、というしくみである。これによってヴァージニアとは反対に、立法権力は弱められ、執行権力が増大した。これは連邦憲法の制定時に、大いに参考にされた。

マサチューセッツ憲法が後世に残るのは、統治機構のバランスの良さもさることながら、その制定過程にある。マサチューセッツ人民の投票によって、憲法が批准されたのだ。一七七八年に一度憲法を制定したが、権利宣言の不在のために否決されたため、再度第一編に権利宣言を盛り込み、一七八〇年に可決した。「すべての人は自由かつ平等に生まれ、自然の、本質的な、譲りえない権利を持つ」という第一編第一条の条文を聞いた黒人奴隷のエリザベス・フリーマンは、自らの自由を求めて訴訟を起こし、見事勝ち取った。

この憲法制定の経緯によって、憲法制定は通常議会によってではなく、特別な制定会議(convention)を通じて行う、という方法が誕生したのだ。これは一七八七年の連邦憲法制定会議や、フランス革命以後の憲法制定権力論へと引き継がれていく発想である。

連邦前夜——一三植民地をまとめた制度作り

以上のような各々の邦での憲法制定と並行して、それぞれの邦を束ねた連合(連邦federation)をどのように作るかも独立とともに検討された。一七七六年六月七日、ヴァージ

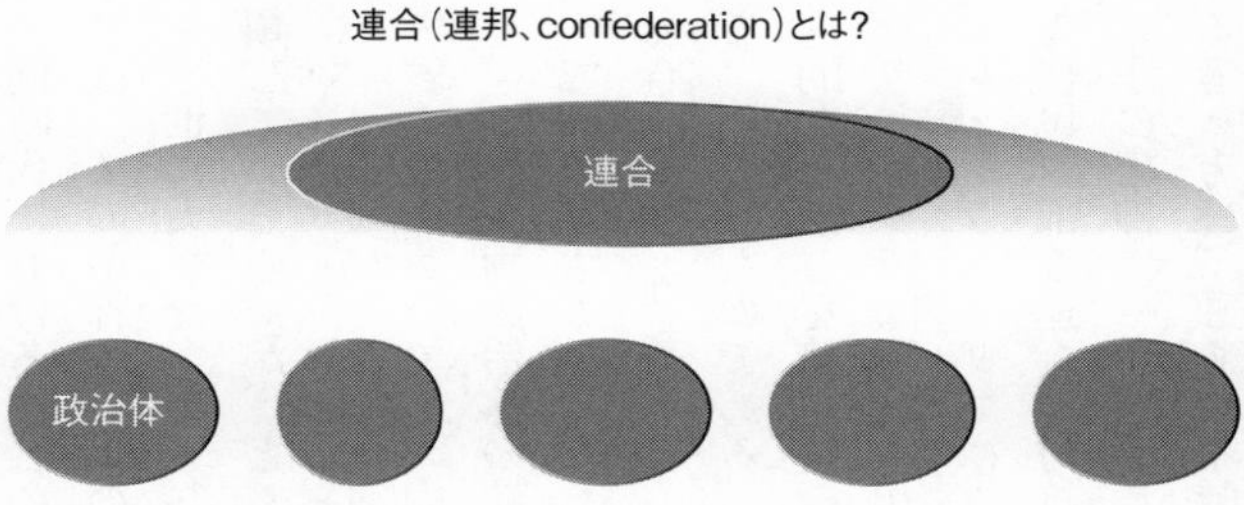

図2－10　連合（連邦）のイメージ　主権が各政治体（邦）に存在する

ニアのリチャード・H・リー（Richard Henry Lee, 1732-1794）が連合案を作るべきだと大陸会議で主張し、各邦一人ずつの委員会が構成された。委員長はジョン・ディキンソンである。

ここで提唱されたのは、邦同士の通商について課税権限を連合に与える、という案だった。戦争にかかる費用を捻出できないとの懸念があったためである。だがこれはそれまでの連合の意味合いから大きく逸脱していたため、反対にあい、撤回を余儀なくされた。

それまでの連合とは、どういうものか。それは、今でいう同盟関係に近かった。ここで重要なのは、今日のアメリカの連邦概念は、独立当時の連合や連邦といった言葉で意味されていたものとはかなり違う、ということである。当時はあくまで一つ一つの邦が国家として考えられていた。その場合、主権はあくまで各政治体にあるのであって、それを束ねるゆるやかな政治的、軍事的な協力関係が連邦だと政治思想史ではみなされてきた。

同時代における連合の模範例として有名なのはオランダとスイスである。そして著作としては『法の精神』九編のモンテスキューの議論がよく知られている。

後世に大きな影響を与えた『法の精神』でモンテスキューは、政体を君主政と共和政に分類しているのだが、どちらにも欠点があると言っている。共和政は小さな規模の国家にのみふさわしいが、君主政の大国が攻め込んできた場合には軍事的に対抗できない。これに対して君主政においては、内部の腐敗が進行してしまい、外部からの侵攻なくして瓦解してしまう。これが両政治体の難点である。

ではどうするか。モンテスキューはいいとこどりを考えた。それが連合である。彼の言う連合（連邦）共和国は、「いくつかの政治体が、より大きな国家の市民になることに同意する」というものである。これによって侵攻に強いという対外的利点と、腐敗しないという対内的な利点とを兼ね備えた国家ができるのである。

アメリカでは独立よりはるか以前に、オルバニー・プランという似た連邦案が、ベンジャミン・フランクリンによって提唱されていた。一七五四年のことである。これは各植民地が先住民の部族連合に対抗するために検討されたものだが、実現には至らなかった。

『法の精神』やオルバニー・プランの議論のように、一つ一つの邦が主権を持つ国家だとする考え方は、独立戦争時まで続いていた。その場合、連合には課税権は認めがたい。現代日本で言えばよその国がいきなり日本に税金を課してくるような感覚である。だから一七七六年の大陸会議において課税権限を認める案には反対が大きかった。それでも七月二二日から八月二〇日までの一ヵ月弱、新たな連合について議論がなされたが、戦況が悪化し、案はいったん放棄された。

ワシントンの反撃

当時の悪化する戦況とは、いかばかりだったか。ボストンを撤退した英軍は、次なる標的をニューヨークに定めた。赤服の正規軍とドイツ人兵の混成部隊だ。一七七六年八月にロングアイランドに上陸、ワシントン軍を撃破してニューヨークを占領した。ニューイングランドとニューヨーク以南とを分断する目的である。ニューポート、ロードアイランドを制圧すると、次の侵攻地は当時の首都のような場所、フィラデルフィアだった。

大陸軍は窮地に陥った。ニュージャージーを越えてペンシルヴェニアまで撤退した大陸軍は、士気も下がっていた。ワシントンは起死回生の策をとる。一七七六年の厳冬期、それもクリスマスに行軍し、トレントンのドイツ人兵部隊を撃破した。デラウェア川を渡るワシントンの英雄的な行動を描いた図2－11も、今日の愛国的なアメリカ人のお気に入りである。かろうじて勢いを取り戻せた理由は、大陸軍の地の利、遠く離れた本国からの英軍の補給

図２－11 「デラウェア川を渡るワシントン」 1851年

と通信（ロンドンとの往復は二ヵ月程度要した）の難しさに加え、イギリス陸軍が戦略的訓練を欠いていた点にある。

また、英軍の戦略は単に大陸軍を破ればいいものではなく、大陸に点在する王党派、中立派を味方につけるというものでもあった。したがって、王党派が多く存在したニューヨークは攻めるべき場所でもあり守るべき場所でもあった。ただアメリカ側をやっつければいいわけでもないというこの難局が英軍の勢いを削《そ》いでいたと言える。

また広大な北アメリカ大陸を漸次後退していく大陸軍を追い詰めるだけの戦力を英軍は有していなかった。この陸軍の鈍さを反省した英軍は海軍頼みの戦略も活用し、一七七七年には海からフィラデルフィアを攻め落とすと、さらに南部へも戦力を移動させていった。

攻防の一つの転機は、一七七七年のサラトガの戦いである。カナダとの関係から、なお北部で戦闘を続けた両陸軍の戦いに決着がついた。英陸軍の全面的な敗北だった。これ以降、戦局はアメリカ側に有利に働くことになった。

このような戦争の過程の理解でなにより気にとどめたいのは、この戦争が長いあいだにわたり、多くの血が流れ、そして多くの人々が苦境に陥ったという点である。アメリカの独立というと輝かしい歴史であるとつい思ってしまうが、そこには多くの犠牲が払われた。

直接の戦場にならなくとも、天然痘《てんねんとう》の流行が拡大した。一三植民地の成人男性は、民兵に加わるか、さもなくば王党派として糾弾され暴力を振るわれた。そうして大陸軍へと加わった成人男性が多かった場所では、労働力が圧倒的に不足した。隷従にあえいでいた人たちにとってはそれまで抑圧していた男性がいなくなり、自由になる格好の機会だった。その結果、奴隷や従僕が逃亡した。そのため、農作物の収穫もままならず、残された人々の暮らしは悪化した。英軍による強奪、性暴力といった残虐な行為が横行し、大陸軍による王党派の土地の徴収、売却が行われた。戦争に敗れた王党派の多くは、命からがら隣り合ったカナダなどに落ち延びていった。

一部に戦需によって利益をあげ、ますます富む者もいれば、財産をほとんど失う者もいた。経済的困難を背景にドイツ人兵と結婚した女性も少なからずいた。また南部における黒人や先住民の部族対立も含めて、この時期にはあらゆる対立が顕在化した。このように、ある人にとっては輝かしい歴史でも、他の人にはトラウマのような歴史でもある。これは多くの戦争の場合と同様、アメリカの独立戦争にも言えることである。

近年の独立戦争理解はこのような複眼的な視点に注意を払っている。二〇一七年春に、フィラデルフィアでオープンしたばかりのアメリカ革命博物館を筆者は訪ねたのだが、その展示も、南部戦線における先住民と黒人奴隷の戦闘への参加について詳細に解説するなど、本書と同じ意図が感じられるものだった。

連合規約の制定へ

話が前後するが、一七七七年五月に、中断していた各邦を束ねる連合案が再び論じられ始めた。ここで主権が各邦にあることが確認され、二月半ばに草案がなんとか無事出来上がった。一三の邦が各一票を対等に持ち、九票をもって可決する議会である、連合会議を形成することになった。しかし問題はここからだ。諸邦の反発にあい、最終的に一七八一年まで連合規約は成立しなかったのである。

三年あまりものあいだ争われたのは、多くの邦がその内容に不満を持ったからである。とりわけ西部問題、つまり新しく開拓された領域（具体的にはオハイオ川の北西）を連合会議に帰属させるという案に対して、西方の領土に利害関係を有するいくつかの邦が衝突し、メリーランドが最後の最後まで批准を渋った。しかしなんとか政治的に妥協を重ね、一七八一年三月に発効を迎えた。

この連合規約の文言として重要なのは、各邦に主権があると明示されたこと（二条）、共同の防衛、自由の保障、共通の福祉を目的として相互に援助すると定められたこと（三条）、外交権が連合会議にあるとされたこと（六条）などである。しかし後述するように、これはただちに機能不全を引き起こすことになった。

イギリスからの独立を達成する

独立戦争中にアメリカが頼みとした手段が、外交である。それによって戦力や軍費を増強する手段を模索した。まずはかつてのフランスの植民地であり、一七六三年にイギリスの植民地になっていたカナダはケベックへの働きかけを行った。もともとフランス系の住民の多かったケベックを味方に引き入れようと、大陸会議は尽力したのだ。当時、ケベックは一四番目の邦になるだろうとの予測も強かったが、結局はイギリスにとどまった。それは、今日まで続くケベックの分離独立運動の長い歴史の端緒でもある。

さらに、アメリカが頼みとしたのは、ヨーロッパでイギリスと覇権を争った国々である。つまり、フランスとスペインだ。その重要性を重くみて、大陸会議は第一級の政治家をヨーロッパに派遣した。ベンジャミン・フランクリンであり、ジョン・アダムズである。彼らの尽力によってこそ、ヨーロッパは英軍との敵対の道を選んだとも言える。

先述のサラトガの戦いで形勢が変化すると、一七七八年二月に米仏の条約につながった。それ以前にもひそかにアメリカに金銭支援や武器の貸与などを行ってはいたものの、フランスの海軍派遣は、戦況を一気に英軍に不利なものとした。フランス海軍は二〇艦の増強をするなど、打倒イギリスに打って出た（しかしこれはフランスの財政難を引き起こし、やがてフランス革命へとつながってしまう）。

フランスは英領のグレナダを攻め落とした。同じブルボン家としてスペインも戦争に参加し、もともとスペインの領土だったジブラルタルとメノルカというヨーロッパにある英領を取り返すべく、包囲戦を仕掛けた。また北アメリカ大陸でも英領西フロリダを攻め落とした。さらにこの形勢をみたロシアは、中立同盟を一七八〇年にスウェーデンなどと結んだ。また遠く離れたインドでも、ハイダル・アリー率いるマイソール王国がフランスと結んで、イギリス東インド会社と戦闘を行うなど、多くの場所で同時多発的にイギリスを追い詰める国際情勢となった。

このような戦況によって、英米の戦いはアメリカ大陸を主戦場とする戦いから、カリブ諸島、ヨーロッパ、南アフリカからインド、フィリピンまでも戦場とするグローバルなものへと性格を変えた。一七七八年段階でブリテン帝国の軍の半数以上は北アメリカ大陸に集中していたが、一七八一年にはわずか二九％にまで減少していた。それ以外の地域にリソースを割かねばならなかった証である。

これは難局の続いたアメリカ側にとって朗報だった。彼らの内部でも対立が頻発していたからである。先述の西部をめぐる邦の対立に加え、軍事行動をめぐる意見対立もあった。トマス・ペインはフランスと交渉していたサイラス・ディーンが交渉中に詐欺を働いていると疑い、その機密を新聞紙上で暴露するという暴走の結果、役職を追われた。他方、当のディーンもまたイギリスとの内通を疑われ、反逆罪で訴えられた。

植民地での人々の生活は、日々困窮していった。大陸紙幣の濫造によって経済は悪化し、多くの人々はこれに反発した。兵士は給料未払いに怒り、戦いをやめようとした。一七七九年にはフィラデルフィアで極端なインフレと食料の不足が起き、不満が爆発した民衆がジェイムズ・ウィルソンの邸宅を襲い、死者も出る大惨事となった。本来が一三の国家の連合に過ぎなかったアメリカは空中分解寸前だったのである。

お互いに損害を被りながらなお戦争は続き、一七八〇年五月には英軍もサウスカロライナのチャールストンを占領するなど、善戦した。一七八一年の元日にはヴァージニアに英海軍が上陸し、リッチモンドを攻め落とす。ヴァージニア邦政府は遁走《とんそう》した。この失政の責任をとってヴァージニアの邦知事だったジェファソンは、一時的に政治家活動から退いている。しかし、英軍の反攻もここまでだった。一七八一年一〇月のヨークタウンの戦いは、ついに決定的な敗北を英軍にもたらした。

戦争終結

だがそれでも戦争はすぐには終わらなかった。敗色濃厚な英軍がなお戦争を続けた理由は、一三邦以外の植民地が相次いで独立しないかと懸念したからであり、とりわけアイルランド関係は重要だった。一七八二年にはジャマイカをフランスからの攻撃から守るなど、本国が八年もの長いあいだ戦争を続行したのは、単にアメリカとの関係のみならず、イギリスが帝国であったことにもよるのである。同時多発的な戦闘のなかで、ドミノ倒しのように一挙に植民地を失う道は避けねばならなかった。

アメリカの財政状況も危機的だった。一七八一年に連合規約が発効すると、ロバート・モリス（Robert Morris, 1734-1806）が財政上の問題を一手に引き受け、外国からの公債によって難局を乗り切ろうとした。フランクリンがフランスから、そしてアダムズがオランダから高額を借り受け、かろうじて危機は去った。

一七八二年春にイギリスのノース内閣が倒れ政局が変化すると、和平の兆しがみえた。パリにいたフランクリンならびにジョン・ジェイ（John Jay, 1745-1829）とイギリス政府とのあいだで交渉がなされた。問題は、戦後の国際関係をどう構築するかだった。イギリスは戦後もアメリカとフランスの関係が良好なのを嫌って、譲歩を重ねつつ有利な条件を引き出そうと画策した。アメリカの外交団も、イギリスに妥協はしないが、独立後の孤立は避けねばならず、内密に慎重に交渉を進めた。

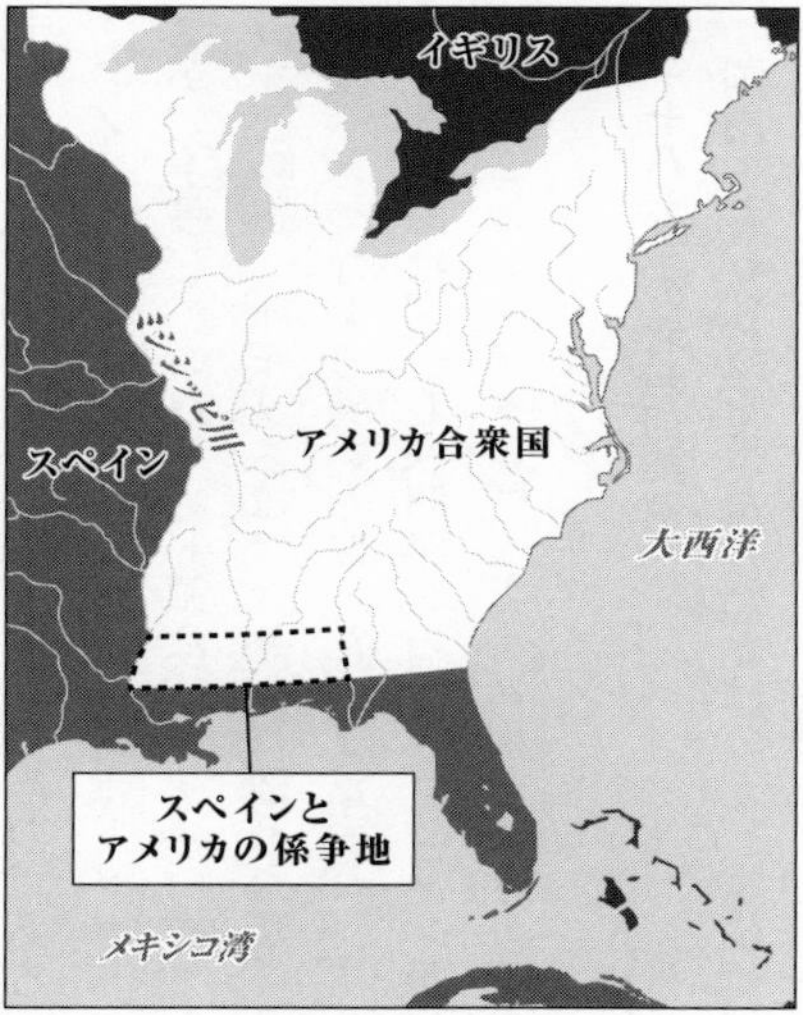

図2－12　パリ条約による領土拡大　1783年

一七八三年九月三日、イギリス、アメリカ、フランス、スペインのあいだでようやくパリで条約が結ばれ、八年以上にわたる、苦しく長い戦争は終わった。その後ベトナム戦争によって破られるまでの長いあいだ、合衆国の最長戦争記録だった。

パリ条約でイギリスはアメリカの独立を認め、軍隊が撤収した。さらに北西部の領土がアメリカのものとして認められた。なんと一三植民地の倍の領土を一挙にアメリカ合衆国は獲得したのである。

アメリカの同盟国だったフランスはトバゴ、セネガルといった大西洋の主要拠点を獲得したが、主張していたインド領はイギリスのままとなった。スペインは東西フロリダとメノルカを再獲得。イギリスはアメリカに敗れたが、帝国の領土のほとんどを保ち、次世紀の大英帝国へとつながる勢いを保った。まだまだヨーロッパ列強に比べて弱小極まりなかったアメリカ合衆国は、一七八四年からジェファソンがパリに赴き、駐英大使としてロンドンに派遣されたジョン・アダムズとともに引き続き外交に奔走することになる。

一七八七年の北西部条例

国内でも、独立を果たしたとはいえ、戦後処理は前途多難だった。いきなり領土が倍になったため、その統治のしくみを整備しなくてはならなくなった。同時に、一三邦の経済的な安定をはからなくてはいけなかった。

今までの一三邦の西側に広がる領土に対して、連合会議は、北西部条例を制定することで対処しようとした。これは、個々の邦が新たな領土を獲得して西方に広がることを認めず、連合全体(一七八八年以降の連邦)の統治下に、新たな邦(一七八八年以降の州)を設置するという今後の連邦政策の土台となった。

そして新たな領土については、いくつかの統一的な基準が設けられた。そのうち最も重要なのは、奴隷を禁じるという決定だ。これによって、北西部では新たな奴隷州が設けられなくなったため、のちの南北対立に対して影響が及んだ。

このような西部政策は、各々の州が各自で拡大するのではなく、強い連邦権力のもとで西方に拡大していく結果をもたらした。しかしそれはただちにうまくいったわけでは決してなかった。北西部の領土には多種多様な人々が存在したからだ。多くの異なる部族から成る先住民、カナダから交易目的でやってくるフランス系の人々、ヨーロッパからやってきた多くの暗躍する不法占拠者。しかも先述のように、その領土は今までの一三邦すべての領土よりも大きい。これは、トラブルなしに支配するには、あまりに広大だった。当然、連邦の政策はすんなりと行き渡るわけもなく、多々対立を呼び込むことになった。

連合の機能不全

独立後、一三邦を支えていた連合会議も、徐々にほころびがみえてきた。それまでの連合の考え方に基づいて作られた連合会議の最大の弱点は、歳入を得るための独自の権限を欠いていることであった。だから連合会議にできるのは、各邦に金銭を要求するだけだった。個人に対して直接課税することは不可能であり、なおかつ強制執行の権限が欠落していたので、邦との関係においてきわめて脆弱《ぜいじゃく》だった。

戦争中に紙幣を大量発行し、個人投資家に対して公債を発行するといった政策も行ったが、邦との関係があってのことである。加えて、連合規約が邦に対して強制できないため、邦の対応はバラバラになった。また、パリ条約後ただちにイギリスはアメリカへの意趣返しとして貿易を禁じ、さらには諸外国への返済もあったため、経済難に拍車がかかった。

そのような経済的な苦難に加えて、三つの出来事が、連合に解体の危機をもたらした。まず、外交問題である。イギリスに対抗するためにアメリカはフランス、スペインとの協力を独立戦争で余儀なくされた。だが戦後は再び、米、英、仏、西そして先住民諸部族がフロリダなどのフロンティアにおいて激しく抗争を繰り広げる展開がみられた。

そんななか、アメリカ西部のミシシッピ川の航行権をめぐってアメリカとスペインは交渉を行うことになる。ミシシッピ川の航行権と言われてもその重要性がわかりづらいかもしれないが、南北にアメリカを貫く大河川である。その河口はニューオーリンズであり、そこからカリブ海や大西洋につながっていた。

これをスペインは独占しようとした。北部諸邦、つまり直接ミシシッピ川と関係ないところは、軍事力の差もあって、この要求をのめばいいと考えた。それどころか、ニューイングランドはスペイン本国に対する魚の輸出を認めさせ、自分たちの利益だけを確保しようとした。他方で、西部へと進出ができなくなる南部の邦にとっては、死活問題である。この結果、北部と南部とが外交をめぐっていがみ合うことになった。連合会議では結局、条約の批准に必要な票数を獲得できなかった。

二つ目は、通商上の軋轢《あつれき》である。それぞれの邦は関税を好きに決定できるようになっていた。そのため、大きな港を擁する邦が関税率をあげた場合、その隣にある小さな邦は否が応でもそれに従わざるをえない。その被害が直撃したのがニュージャージーである。隣り合った邦、ニューヨークとペンシルヴェニアはそれぞれ海運が盛んであり、多くの製品を輸入していた。そこに挟まれたニュージャージーはいくら高い金額だろうと支払わざるをえず、経済的な損害は大きかった。しかしその不満は徐々につのり、ニュージャージーはしまいに連合からの離脱をちらつかせることになった。

三つ目は、シェイズの乱という軍事反乱である。マサチューセッツでは独立戦争の給料の未払いに困窮し負債を抱えた軍人、農民が、負債の減額を求めて反乱を起こした。これに対して政府は断固たる対応をとり、反乱は鎮圧された。だがこのような経済的な混乱と社会情勢の不安定化が一三植民地であらわになり、邦を超えた経済政策を的確にうつ必要は明らかだった。

これらの三つの問題から、連合会議は空中分解し、崩壊寸前にまで陥った。なんとかすべく、ジェイムズ・マディソン（James Madison, Jr., 1751-1836）とアレグザンダー・ハミルトン（Alexander Hamilton, 1755-1804）は一七八六年の九月にアナポリスで会議を開き、事態の収拾をはかる。だが求心力はなく、それぞれの邦内部の政治に手一杯だった多くの邦は連合会議の運営にさしたる関心を持たなかった。呼びかけに応じず、全く代表を送らない邦すらあった。

これに困ったマディソンとハミルトンは、この問題が連合規約自体にあると思い、改めて連合規約の改正を検討する会議を一七八七年五月にフィラデルフィアで開催するように取り決めた。かくして連邦憲法制定の舞台は整った。フランクリン、ディキンソン、メイソン、ワシントン、ハミルトン、マディソン――本章にも登場した、当時を代表する政治家たちがそれぞれの邦を代表して、集結することになったのである。

第3章　連邦憲法制定会議――一七八七年

一七八七年九月一七日、四ヵ月に及ぶ合衆国憲法制定会議が閉じようとするその日、マサチューセッツ邦の代表エルブリッジ・ゲリーは「現在の合衆国の危機から、内乱が生じるのではないか」と口にし、憲法案への署名を拒否した。内乱とは穏やかな言葉ではない。何がゲリーをしてそこまで悲観的な発言をさせたのだろうか。それは、憲法条文をめぐる数ヵ月の激論にあった。

今日、合衆国憲法制定会議、フィラデルフィア憲法制定会議、などといった名前で知られるこの会議は、独立宣言と並ぶ建国史のハイライトである。いや、独立宣言以上に重要であると言ってもよい。ここで作られた憲法こそ、その後今日に至るまで運用されてきたものであり、覇権国家アメリカを今なお支える屋台骨だからである。

例えば、アメリカには大統領という存在がいる。これも世界に先駆けてこの憲法が作ったものである。大統領の任期は四年である。人々が選んだ選挙人団によって選出される。大統領とは別に、連邦議会が存在する。上院と下院があり、それぞれ人数が異なる。上院は各州対等に二名ずつであり、下院議員の数は各州の人口に応じて算出される。かなり厳格な三権分立をとっているとされ、大統領は連邦議会の議員にはなれない。大統領は条件付き拒否権を議会に対しては持つ。連邦最高裁判事は政治権力からの独立性を高める目的で終身任期となっている。また、違憲立法審査権を持つ。これら一つ一つが、この憲法制定会議における発明である。このようなしくみになっているのも、数ヵ月の激論の成果だ。

立法者たち

しかし、憲法制定がなぜかくも重視されたのか。前章の最後でみたように、独立後のアメリカは、イギリスとの戦争に勝利したがゆえにさまざまな問題に直面し、あわや内部崩壊の危機だった。その危機への解決策として一縷の望みを託されたのが、連邦憲法の制定だったのだ。再び、国家全体のしくみを一から構築するための営為である。

序章でも少し説明したが、これは政治思想史上、立法者論と呼ばれるトピックである。国家が発展するためには、最初に一人のカリスマ的人物がその国に適した基本国制を定めるべきである、という考え方のことだ。国制という土台をきちんと定めておかないと、途中から軌道修正しようとしてもうまくいかなくなる。個人同様、国家においても物事ははじめが肝心というわけだ。

この立法者という存在は、一人のカリスマであるのが前提とされてきた。これに対してアメリカが面白いのは、立法者たち、つまり多くの人間が基本法の制定に関わったにもかかわらず、それでも国家運営が軌道に乗ったという点である。政治思想史の常識にはあてはまらない。これがなぜ成功したのかは単純な説明が困難なため、本章では、憲法制定会議の具体的な展開を追いかけながら考えてみたい。その前提として、そのような五五人の立法者たち、つまり会議参加者のうち、特に発言が多く、重要な役割を果たした七人の素顔を紹介しておきたい。

図3－1　ジェイムズ・ウィルソン

まずはジェイムズ・ウィルソン。すでに何回か登場した彼はスコットランドからの移住者であり、ペンシルヴェニアの有力政治家だった。民衆からの人気はあまりなく、戦争中には自邸を襲撃されたりもした。会議では最多の発言回数を誇り、実際に作られた連邦憲法には、彼の主張がいちばん反映されているとされる。

図3－2　ジェイムズ・マディソン

ウィルソンに次いで議論に活発に参加し、「連邦憲法の父」と呼ばれるのがジェイムズ・マディソンである。ヴァージニアの代表であったが、背は低く薄毛で演説もうまくはないことに、コンプレックスを感じていたようだ。しかしその知性と圧倒的な勉強量に対しては多くの参加者が敬意を評した。連邦憲法制定会議の内容を今日私たちが知ることができるのも、勤勉なマディソンが事細かに議事録をつけていたためだ。

途中で退室するなど積極的に会議に貢献しなかったが、ニューヨークからはアレグザンダー・ハミルトンが参加した。西インド諸島出身の彼は、立身出世の代名詞のような存在であり、なおかつ強い連邦政府を支持する急先鋒だった。現在の二〇ドル紙幣には彼の肖像画が描かれている。

ちなみに憲法制定会議についてである大学で集中講義をしたら、ある学生さんから「～ソンとか～トンが多すぎて混乱する、覚えられない」というコメントがあった。せめてソントンという名前ではない会議参加者も紹介しよう。

モリスという参加者が二名いた。ロバート・モリスとガヴァナー・モリス（Gouverneur Morris, 1752-1816)。同姓だが親戚ではない。ロバート・モリスは先述のように、戦争末期の財政を一手に支えた。その反動で彼自身も戦後に大量の借金を抱え、投獄の憂き目にあった。

G・モリスはロバートを支えたビジネスパーソンであり、会議から二年後のフランス革命の際に商用でパリに滞在していた。その後フランス大使としても活躍する。なお一七八〇年に馬車の車輪に左足を巻き込んで膝下を切断する大怪我を負い、以後義足をつけていた。ハミルトンと並ぶ強力な連邦政府の支持者であり、かつ忌憚《きたん》ない物言いと傲岸不遜な振る舞いで他の政治家から眉を顰《ひそ》められることも多かったと言われる。二人のモリスはともにペンシルヴェニアの代表である。

図３－３　アレグザンダー・ハミルトン

　以上の登場人物もそうだが、基本的に連邦憲法制定会議は強い連邦権力を支持する者たちが議論をリードしていた。しかしこれに対して、小さな邦の代表は、より小さな邦の権利も確保できるような連邦政府案を訴えていた。その代表が、ニュージャージー邦のウィリアム・パターソン（William Paterson, 1745-1806）だ。もともとはアイルランドに生まれ、二歳のときに家族とともにニュージャージーのプリンストンに移住した。その後法律を勉強し、一七七六年から八三年まで邦の司法長官を務めた。ニュージャージーを代表する法律家である。

図3－4　ロジャー・シャーマン

大きな邦と小さな邦の対立のなかでよく言えば調停を持ちかけ、悪く言えばキャスティング・ボートを握ろうとする者もいた。合衆国になる前は自治植民地だったコネティカット邦はそのような独立不羈《ふき》の精神を生み出した。ロジャー・シャーマン（Roger Sherman, 1721-1793）がその典型例だ。農家兼靴屋の家庭に生まれ、苦学して複数の仕事をこなしつつ出世した彼は、独立宣言でもジョン・アダムズやジェファソン、フランクリンと並んで五人の起草者に入っているほど、重要な役割を果たしてきた（73頁の独立宣言の絵で並んでいる五人のうち、左から二人目がシャーマンだ）。ただ演説はあまりうまくなく身なりも質素、上流社会のマナーなど無縁といった出《い》で立ちで、人によっては無骨な彼のパーソナリティと合わない者もいたようだ。しかし、政治家としての駆け引きには長けていると政敵からも称賛された。ジェファソンをして、シャーマンは人生で一度も愚かなことを言わなかった、と絶賛せしめたほどの知性だった。

これらが主だった発言者たちである。彼らはそれぞれの邦の利害をも背負って会議に参加していた。そのため、背景にあるさまざまな邦の利害対立によって会議はしばしば収拾困難なほど紛糾した。その利害とは主に二つである。

一つは大きな邦と小さな邦との対立である。大きい／小さいの尺度は人口だ（もちろん領土の広さや富の豊かさも関係する）。前者を代表するのがヴァージニア（人口七五万人）、ペンシルヴェニア（四三万人）であり、後者を代表するのがニュージャージー（一五万人）、デラウェア（六万人）である。

もう一つは、北部と南部の対立である。これは八〇年後には南北戦争に至る亀裂であり、建国期にはすでにその亀裂を観測することができる。奴隷制をめぐっての意見対立がよくみられたが、経済基盤や地理的に直面する状況が異なる両者は、異なる利益をめぐって対立する傾向が強かった。

会議の流れと始まり

四ヵ月弱に及んだ会議だが、だいたい四つくらいの段階に分けて整理可能である。起承転結に分けて、順にみていこう。

まず、マディソンが考えた素案を検討する第一段階である。これは、邦議会の権力を制限し、大きな邦が連邦で大きな権力を持つような特徴を持っていた。しかし、議会と大統領とにそれぞれどれくらいの権力を持たせるか、誰が誰を任命するかをめぐって多くの議論がかわされることになった。

そのような議論の最中に小さな邦（ニュージャージーとデラウェアが典型）が激しく反発し、大きな邦と小さな邦とが対立することで、第二段階に議論は移る。小さな邦は自分たちが他の邦に比べて弱いことを自覚しており、一つ一つの邦の独立度の高い連邦を望んだ。さもなくば、大きな邦が連邦政治で主導権を握り、最終的には自分たちの邦を消滅させるのではないかと懸念したのだ。

大きな邦と小さな邦の対立が続いて議論は膠着《こうちゃく》状態になるも、なんとか妥協がはかられる。つまり、両者の渋々ながらの歩み寄りによって、なんとか憲法の具体的な条文を書き上げる第三段階に移った。

最後の第四段階が、実際の憲法案の作成と署名である。これによって連邦憲法案が採択されるわけだが、そこに至るまでの道筋も一筋縄ではいかなかった。奴隷の問題や権利章典の問題が持ち上がり、署名を拒否する代表も出てきてしまった。それでもなんとか、憲法案が各邦にはかられることになり、会議は終了した。これが全体の流れだ。

このような種々の議論のなかでもいちばん多くの時間を割かれたのが、ある役職を誰が選出するのか、誰が任命するのかという任命権の問題である。任命権（そしてその対《つい》になる罷《ひ》免《めん》権）という堅い言葉を使うとどうしても私たちに縁遠い話のように聞こえてしまうが、テクニカルな統治機構の問題を超えて政治に本質的な問題である。

誰と一緒にプロジェクトを回すか、誰をプロジェクトメンバーから外すかといえば、一度は頭を悩ませたことがある問題に聞こえよう。政治的にはこれはもっと深刻で、近年では日本学術会議の問題が想起されるように、ある職務に誰を任命するか、あるいはしないかは大問題である。それは政治権力とダイレクトに結びつく。自分の仲間を優先的に任命することや、また任命権をちらつかせることで、政治権力の拡大につながってしまうのである。

さて、先んずれば人を制す。マディソンは連邦憲法制定会議の一週間以上も前にフィラデルフィアに入り、同じくヴァージニアのエドマンド・ランドルフとともに憲法案を作った。この「ヴァージニア案」と呼ばれるプランを練りつつ、ヴァージニアの代表は根回しにも

図３－５　連邦憲法を制定した会議室

励んだ。それが開催場所であるペンシルヴェニア邦の代表との会合である。ペンシルヴェニアといえば会議の開催地フィラデルフィアのある邦、つまりお膝元だ。その代表も、欧州にまで名声を轟《とどろ》かせていた長老ベンジャミン・フランクリンを筆頭に、二人のモリス、ウィルソンもいるなど、錚々《そうそう》たるメンツを擁していた。マディソンは彼らとフランクリン宅で夕食を囲みつつ、強い連邦政府構築のために討議した。ヴァージニアとペンシルヴェニア、この二つの邦が強い連邦政府を作るためにこうして主導権を握ったのである。

一七八七年五月二五日に定足数を満たし、ようやく会議が始まる。ワシントンが議長となることが満場一致で決まり、また書記などの役職と、会議外への情報漏洩厳禁といった議事運営のルールが最初に定められた。ここから実に四ヵ月弱に及ぶ長い会議が始まった。秘密の漏洩を恐れ、会議は窓を閉め切った密室で行われた。参加者の多くは長く続くなど想定していなかったようであり、参加者の一人メイソンは家族に向けて七月頃に帰る予定であると手紙で書いている。

しかし、暑い夏がきても議論は終わらず、中断を挟みつつも彼らは閉め切った部屋で、文字通り熱気のこもった会議を続ける羽目になった。ある参加者は資金が尽き、また別の参加者は本業の仕事が滞り、債権者に追い立てられ、当時の作法にのっとり決闘を申し込むことになってしまった。

ちなみに今でも会議が行われた部屋は、当時の雰囲気が残されたまま、国立の歴史公園としてフィラデルフィアの観光名所になっている。

起——ヴァージニア案の攻勢

一七八七年五月二九日。ランドルフによってヴァージニア案が披露される。まずランドルフは、現行の連合規約の欠陥から話を始めた。現状の連合は弱すぎるのだが、特に主だった欠点を列挙すると、

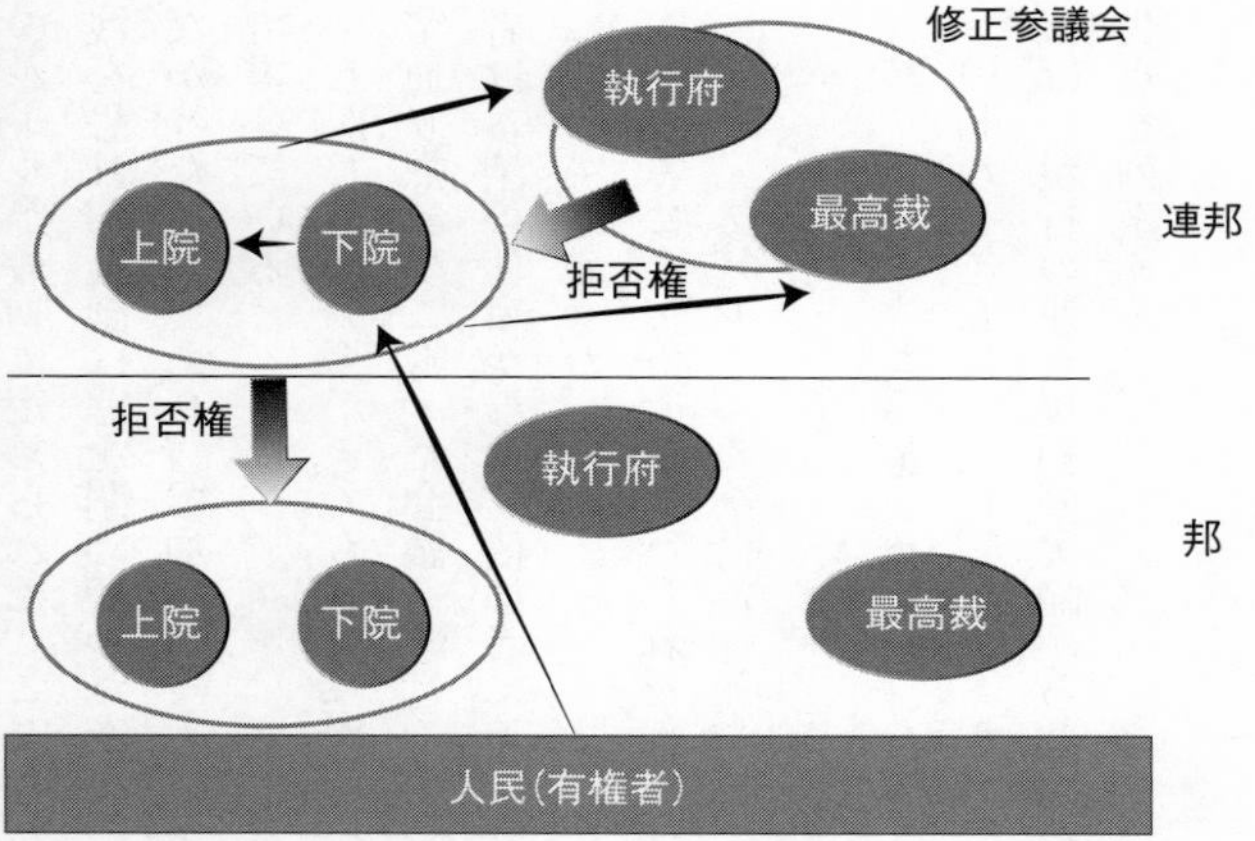

図3－6　ヴァージニア案　細い矢印は選出を表す

①外国の侵攻に対して安全ではない
②邦同士の争いを調停できない
③現行の連合体制では享受できない利益がたくさんある
④邦の権利侵害に対して対抗できない
⑤邦憲法に対して連合規約は優位性を主張できない

といったものである。

次にこの欠陥を修正すべくヴァージニア案が提示された。全一五ヵ条からなる憲法の骨子である。順に、

①連合規約の目的（共同の防衛、自由の保障、一般福祉）のための修正、拡充
②代表の人数は分担金か自由民の数による

③二院制
④連邦下院：人民によって選出。任期未定
⑤連邦上院：連邦下院によって選出。任期未定
⑥連邦議会の権限規定。個々の邦の立法について拒否権を持つ
⑦執行府（executive、≒大統領）は連邦議会によって選出。任期未定。再選不可
⑧修正参議会を設置、連邦議会への拒否権
⑨連邦最高裁と下級審の設置。連邦議会による選出。終身任期
（⑩から⑭は割愛）
⑮改正規定：人民によって選出された会議による批准

といった内容を持っていた。

激論

こう提案したことで、最大勢力ヴァージニアが主導権を握るかと思われた。が、そうは問屋がおろさない。翌日以降、六月一三日までの約二週間、このヴァージニア案を叩き台として議論は紛糾していくことになる。順にどう争われたかをみていきたい。

まず一条である。連合規約の拡充をうたったこの案に対してまず表明されたのは小さな邦の不安だった。邦を廃止してマイノリティたる自分たちを吸収合併し、新たな統一国家を作ろうとしてはいないか?というのである。これをランドルフは一蹴するが、小邦の不安は続くことになる。

続く二条「代表の人数は分担金か自由民の数による」。それぞれの邦が何議席を連邦で持つか。富か人口数か。これは連邦政治における権力争いと直結する問題であるため、もちろん争いの種となった。発案者マディソンは、ヴァージニアなどの人口の多い邦が連邦政府で権力を行使するようにしたかった。そのため、上院、下院とも人口による議席配分を支持していた。

しかし懸念事項があった。マディソンは「自由民の定義は難しい」と述べ、議論を避けたがった。というのも、南部の黒人奴隷をどうカウントすればよいのかが、論議を呼びそうだったからだ。当時の多くの人の感覚では黒人は財産、つまり物であって人ではない。倫理的にこれに反論したい参加者も(特に北部には)いた。だが反発して黒人を人扱いすると、かえって奴隷制を維持する南部の連邦における権力拡大につながる、というディレンマがあった。参加者の多くはこれに気づいており、奴隷制の廃止を目指していたか、現に廃止した北部の邦の代表はとりわけ苦戦することになった。

続いて、連邦下院について定めた四条に移る。ここでは選出方法が問題となった。人民による下院議員の選出に反対する者たちも多かった。というのも、いわゆる「民主政のいきすぎ」を懸念したからだ。人々に代表を選ぶだけの見識などない、という考え方が当時の常識だった。そのような論者は、邦議会による選出を主張した。これもその後ずっと議論が平行線をみることになる。

平行線といえば、続く五条も、である。連邦上院議員は連邦下院によって選出されるとのマディソンの提案には、二つの対案が提示された。邦議会による選出と、人民による直接選挙である。ランドルフは連邦上院に対する抑制になるとして連邦下院による選出を支持したが、両院のバランスが崩れるとして、人民による選出を支持するウィルソンやメイソンの反対にあった。

最後まで争われた厄介な論点が、七条の執行府（まだ大統領という用語は使われていない）の設計だ。六月一日から議論が開始されたが、選出方法がここでも争われた。サウスカロライナのチャールズ・ピンクニーのように人民の選出能力を疑問視して連邦議会による選出を主張する声もあがれば、それに対して議会と執行府の内通を懸念するゲリーによる反発もみられた。

大統領を選ぶのは議会か、人々の公選か。いったんヴァージニア案通り連邦議会による選出に落ち着いた。今日の制度では人々がまず選挙人を選出し、選挙人が大統領を選出することからわかるように、会議最終盤で激論のすえこれは変更される。ちなみにこれは最初にウィルソンによって六月二日に提案されるが、その際は否定されていた。七月の下旬に再度提案されることになる。

なおこの際面白かったのは、執行府の人数である。ランドルフは、三人はどうかと提案した。今だと大統領は一人であることが常識とされるが、かつてのローマの三頭政治よろしく、三つに執行府の長を分けることも提案されたりしていた。こういうところにも、自由で柔軟な発想が垣間《かいま》みられる。

スキャンダラスな提案だったのが、八条の修正参議会設置案だ。これは執行府と最高裁判所が一つの参議会を構成し、連邦議会への拒否権を持つことで立法権力を抑制しようとしたマディソン独自の案である。その大元には、英本国の枢密院や、ニューヨーク邦の修正参議会からの着想がある。

だがこれについては多くの反発がみられた。最高裁判所は単独で連邦議会を抑制する権力を十分に持つとゲリーは述べ、同じくマサチューセッツのルーファス・キングも最高裁判事の法解釈に偏りが生じることを懸念した。マディソンにとって立法、執行、司法のうち最も警戒すべきは立法府すなわち議会だったが、ゲリーは執行府の暴走をより懸念すべきだと判

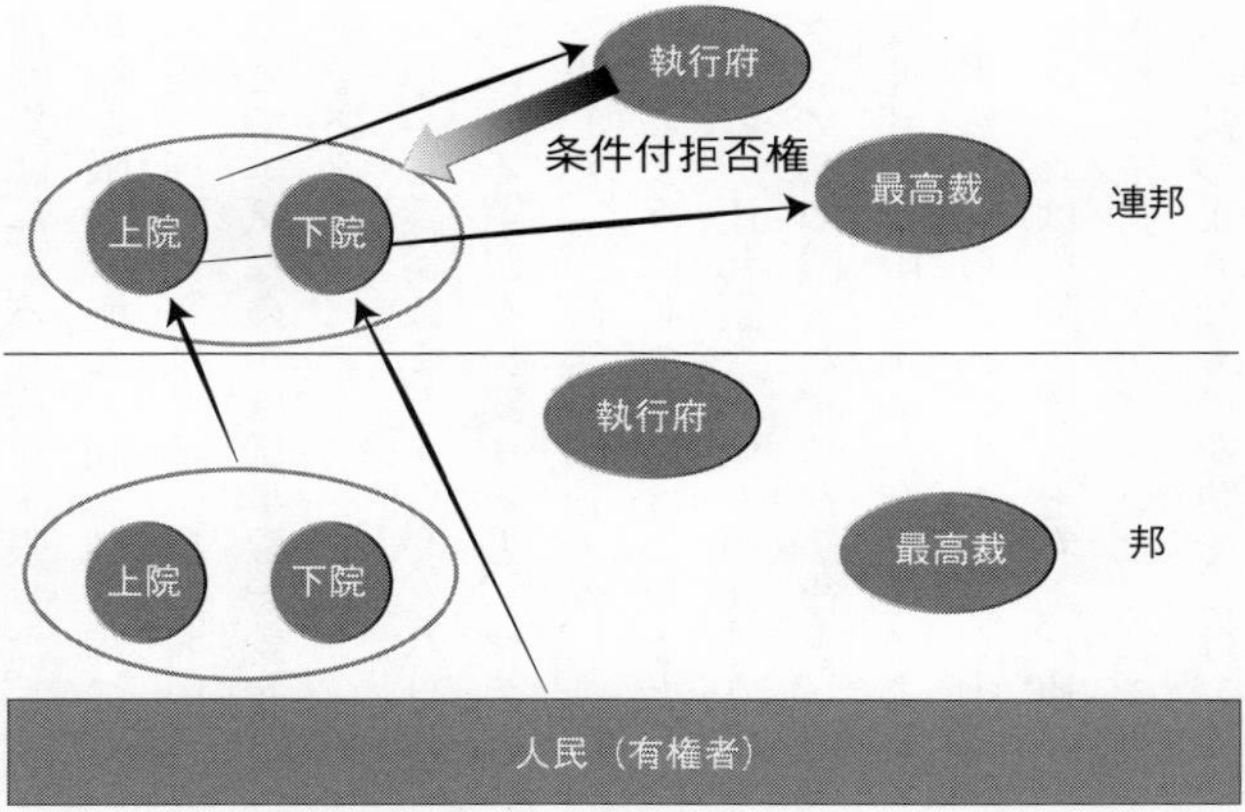

図3－7　ヴァージニア案　1787年6月13日までの修正

断した。

誰が最高裁判事を選ぶか

こうして、マディソン肝入りの修正参議会案は、ウィルソン以外には否定的な意見が圧倒的多数であり、通りそうになかった。

一七八七年六月五日からは、九条の最高裁判所について検討が加えられた。ここでも誰が判事を選出するかがポイントになった。ウィルソンは、連邦議会による選出というマディソンの原案に反対した。議会内部の争いの種になるからである。代わって大統領はどうかと提案した。これに対してサウスカロライナのジョン・ラトリッジは、逆に大統領個人に委ねるのは危険すぎるので、やはり議会が良いと訴えた。

面白いのはフランクリンの単独案で、彼は法律家集団による互選を主張した。これはスコットランドでとられている方法で、そうすると可能な限り有能な人間を判事につけようとするのだという。なぜなら、自分の商売敵を判事の座に押しやれば弁護士業において有能なライバルが消え、自分が得をするからだ、と。どこまで本気なのかは議事録を読むだけではよくわからないが、フランクリンらしい独特の主張である。

しかし議論はまとまらず、八日後の六月一三日にピンクニーとシャーマンが改めて連邦議会による選出を提案すると、マディソンは議会両院のうち上院のみによる選出という修正案を出した。上院議員のほうが、人数が少なく判断力もたしかというのがその論拠である。

このようにして議論はいたるところ平行線になるのだが、なにより軋轢を生じさせたのが、六条の、連邦議会が個々の邦の立法に対する拒否権を持つ、との規定だ。つまり例えばデラウェア邦の議会が定めた法律を、連邦議会が無効にすることができるという、きわめて強大な連邦の権限を定めた条文案である。

当然ながらこれは小さな邦を中心に猛反発を生んだ。ノースカロライナのヒュー・ウィリアムソンは危険すぎると考え、連邦が介入できる場合とそうではない場合の線引きをするべきだと主張。マディソンはこれに対して、線引きは無理であり、マサチューセッツのシェイズの乱のようなものを防ぐには、強い連邦のほうがいいと答えた。だがこのようなマディソンの強硬な態度にはゲリーやシャーマンも疑問を投げかけた。拒否権の範囲を限定しないと到底認められないし、邦の人々も説得できない、と。

承――小さな邦の反発とニュージャージー案の提示

以上のような強い連邦のための議論を聞いて怒りを表明したのが、小さな邦の代表たちである。ここから議論は第二段階へと移る。ヴァージニアとペンシルヴェニアの主導権に抗して、小さな邦の立場をより強硬に論じ始めたのである。

デラウェア邦代表ガニング・ベッドフォードは、次のように不満を漏らした。デラウェアは小さいので、マディソンの提案する連邦議会の拒否権によって、邦の権限が侵害されやすい。現在の連合規約体制下では各邦は対等なので一三分の一の力を持っているが、連邦議会の議席数が人口に応じた比例配分となると、人口の少ないデラウェアは九〇分の一になる。対して、大きな邦であるヴァージニアとペンシルヴェニアを合わせるとそれだけで九〇分の二八になる。こうして、二つの邦なら拒否権を行使できる場合にも、デラウェアならできないし、二つの邦なら拒否権を防止できる場合にも、デラウェアはできないという。大きな邦と小さな邦で明らかに不公平な政治権力になってしまうというのだ。

デラウェア以上に怒り心頭に発したのが、小邦ニュージャージー代表のウィリアム・パターソンだ。まず彼は自分自身がニュージャージーの代表としてきている以上、連合規約の改正以外の権限は持っていないと述べる。連合規約の、一つの邦につき一票という原則は譲れないということだ。それゆえ仮にそうではない憲法案を作ったとしても、ニュージャージーの人たちは決して納得しない。だから、ヴァージニア案にパターソンが賛同することは決してない。そうするくらいなら専制君主に従うほうがマシだ——このように語気荒くパターソンは反発した。

これらの主張に対して、ジェイムズ・ウィルソンがただちに反撃する。あなたがたにとっては一つの邦が一票を有してこそ平等だというようだが、事態は逆である。つまり、人口比に基づいて議席を配分するのでなくては、かえって不公正なのだ、と。一邦につき一票だと、人口にして約三倍のペンシルヴェニアの一五〇票は、ニュージャージーの五〇票と同じ価値しかなくなる。すべての人間は本質的に平等なのに——ウィルソンは独立宣言に通じる近代原理を高らかにうたう——、そんなことが許されるのか？

小邦が大きな邦との権力の不平等に訴えるのに対して、ウィルソンは人々一人ひとりの、今日的にいえば一票の格差の議論を駆使して反撃するのである。もちろん、自分の邦であるペンシルヴェニアに有利に議論を展開したいとの思惑は、小邦の代表にも透けてみえた。

黒人奴隷の人口カウント

このように両者の議論は平行線になってしまったので、長老フランクリンが仲裁に入る（体調不良ゆえ、これを代読したのはウィルソンだったが）。議席配分の問題になってから議論の冷静さがなくなってしまった。我々は争う（contend）ためにここに集まったのではなく、協議（consult）するためにここに来た。凝り固まった意見では決して誰も説得されない。利害にとらわれず、冷静に協議しなさい、と宥《なだ》めたのだった。

このフランクリンのあとに、代読者のウィルソンが率先して妥協案を提示した。しかし皮肉なことに、これこそが後世にも悪名高い憲法条文になってしまったのだ。「五分の三条項」である。

五分の三条項とは、合衆国の人口を数えるとき、黒人奴隷は五分の三人として人口にカウントしましょう、つまり一人の人間としてみなしませんという残酷な考え方である。しかし白人しか参加者がいない会議では、これは有力な譲歩の手段となった。つまり、黒人奴隷を多く抱える南部に対して、黒人奴隷もカウントすることで南部の議席も増やしましょう、という協力の申し出になったのである。平行線の議論の最中、ウィルソンは小邦と南部とが結託してペンシルヴェニアに反発するのを恐れた。そこでそれを妨害するために持ち出したのがこれだ。彼の思惑通り、デラウェア、ニュージャージー以外の九つの邦が賛成し、「五分

	立法府の数	基礎	議席配分	執行権	多数or少数	立法権	中心
ヴァージニア案	2	人民に直接	人口比	単一	多数の意志を反映	より強大化する方向	ヴァージニア、ペンシルヴェニア
ニュージャージー案	1	邦議会	各邦同数	複数	少数の意志に配慮	あくまで限定的な権限	ニュージャージー、デラウェア

図3－8　ヴァージニア案とニュージャージー案の比較

の三条項」は南北戦争後の一八六八年に廃止されるまで憲法条文として残ることになった。

これはウィルソンの根回しの成果のようだ。大した反発は起きなかったからだ。ゲリーが唯一非難の声をあげたが、それは一人前扱いしないことに対する非難ではなく、むしろ奴隷を中途半端に人間扱いすることに対するものだった。あくまでゲリーも、奴隷を家畜と同様に考えれば、連邦議会における南部邦の議席は減るという理由によって非難したにすぎなかった。ウィルソンはこれを見越して南部と結託したのかもしれない。このようなしたたかな駆け引きが、会議に参加すらできていない黒人に対して残酷な結果をもたらす。政治の、ひいては人間集団のおそろしさ、難しさがよくあらわれた例と言える。

だがこのままでは大きな邦が圧倒的に主導権を握ってしまうのは明白だ。ウィルソンにこれ以上いい思いをさせるわけにはいかない。今度はわりあい小さな邦であるコネティカットが、デラウェア、ニュージャージーを援護する。それが、連合会議を踏襲して、上院のみは各邦が一票にしてはどうか、という第二の妥協案である。提唱したのはロジャー・シャーマンであり、彼の邦の名をとって「コネティカット妥協」と呼ばれる。これはウィルソンの反論もあり、賛成五邦、反対六邦の僅差で否決されてしまう。ウィルソンがシャーマンをなお上回った。だがしかし、これはのちの伏線となる。

このような小邦劣勢の状況に対して、ニュージャージーの代表は新たな策を講じた。それが、ヴァージニア案に代わる抜本的な対案の提示である。これはニュージャージーのパターソンが六月一五日に提示したもので、邦の名前をとってニュージャージー案と呼ばれる。その特徴は、以下の二点である。

まず、連合規約は連合の保存に適するように修正すべきだというもので、あくまで既存の連合を存続させ、新たな憲法体制など作らない、という主張である。

第二に、連合会議は一院制をとり、現行通り、邦議会による選出とするという。ここでも既存の体制の存続が目指されていることがわかる。そして、連合会議の代表が複数人からなる執行府を選出する。

これをヴァージニア案と比較してみると、図3-8のようになる。

転――ハミルトンの大暴れ

このようにして、完全に会議は暗礁に乗り上げた。大きな邦（ヴァージニアやペンシルヴェニア）と小さな邦（デラウェアとニュージャージー）とが真っ向から対立してしまったのである。さらにはそこに空気を読まずに割って入った者がいた。ハミルトンである。一七八七年六月一八日、彼は六時間にも及ぶ大演説をぶつ。

彼はまず、ヴァージニア案もニュージャージー案もどちらも賛同できないと述べた。そんな彼にとってモデルとする政体はイギリスである。かの国の政治こそ世界最高だからだ。さらに彼は、民主政に対して批判的な態度をとる。人民は騒々しく移り気であり、何が正しいかを判断し決定することは滅多にないというのである。だから、富める階級にこそ優先的な地位を、とハミルトンは考えた。

具体的には、イギリスに倣って、執行権者と上院議員を終身任期にするべきだというのが彼の主張だ。彼は、イギリスの君主は素晴らしいと褒め称えた。というのも、共和政の弱点は外国からの誘惑に弱いことだが、イギリスの君主政は決してそうならないからである。選挙によって選ばれる執行権者は、もしかすると外国と通じている危険もあるが、君主は絶対に自国を裏切らないから、そのようにアメリカもするべきだと彼は滔々《とうとう》と論じたのだった。

率直に言って、六時間もこんな個性的なことをきかされ続けたらたまったものではない。

反応に困る。

たしかに、イギリスの政治体制への距離感は難しいところがある。当たり前だがアメリカはイギリスから独立を勝ち取ったのだから、君主政、内閣、そして強大な議会権力といったものに対して警戒心を持っていた。他方でかつての自分たちの母国であり、またその政治体制に対する憧憬もあった。ハミルトンは後者の感情を隠すことなく会議参加者に対してぶつけたものと言えよう。

しかしこのような率直さは、会議にとっては多くの場合は仇《あだ》となる。政治的な場所では特に。ではなぜこんな振る舞いを彼がしたかというと、置かれていた状況にその理由があった。ニューヨーク邦代表内の対立である。ニューヨーク邦は内部で二つの党派に割れており、ハミルトン以外の二名の代表はいずれもハミルトンとは反対の党派に属する者だった。連邦憲法の制定にも否定的だった。そうすると、ニューヨーク邦の票を投じる際には、必ずハミルトンの意見は通らない。こうして影響力を最初から失っていたハミルトンは、大暴れによって会議に一石を投じる道を選んだと考えられる。ちなみにこの大演説も肯定的な反応を得られず、彼は六月末に会議を去ってニューヨークに戻ってしまった。

妥協への道筋

ハミルトン大演説の翌一九日、マディソンは何事もなかったかのようにニュージャージー案を採決にはかり、結果、ニューヨーク、ニュージャージー、デラウェアがニュージャージー案に賛同したのみだったため、否決された。ここから制定会議の議論は第三段階、つまり、大妥協と呼ばれる、大きな邦と小さな邦の調停へと向かうことになる。

問題となったのは先にみたように、連邦議会の議席を人口に応じて配分するのか、あるいは各邦で対等にするのか、という点である。前者は大きな邦に、後者は小さな邦に有利である。

まず連邦下院については、人口に応じた議席配分に決まった。六月二九日のことである。しかし、賛成六邦、反対四邦、メリーランドが分裂と、意見の対立は明らかだった。

連邦上院についてはコネティカットのエルズワースが小さな邦に有利にすべく、翌三〇日に各邦公平に一票ずつの方式を提案。ウィルソンはこれに対して「少数が多数を支配するためのルールだ」として反発した。対してエルズワースも「ウィルソン氏は誤っている。少数が多数に破壊されないためのものだ」と切り返し、マジョリティとマイノリティの関係をめぐって議論は平行線になった。結果、七月二日の採決では、賛成五、反対五、分裂一、と完全に意見が割れてしまった。

全体で議論していても埒《らち》があかないので、各邦一人ずつの委員会によって議論が続けられることになった。委員長ゲリーのほか、エルズワース、フランクリン、メイソンといった人々が加わった。委員会での議論をふまえて七月五日にゲリーが報告で提案したのは、上院は各邦一票ずつとする代わりに、下院に予算先議権を与える、という譲歩だった。

この予算先議権は、当時のイギリス国制の長所として理解されていたものであり、現在の日本の衆議院でも認められている。人々の財産を取り上げるということは最も重要なことがらの一つであるから、貴族とは異なる身分の議院がまず決めるべきだ、というのがもともとの趣旨である。

ゲリーは元来これを自らの政治的主張として持っていた。これ幸いとばかり、ゲリーはここでこの主張を盛り込み、それによって妥協をはかろうとした。連邦下院は大きな邦に有利な議席配分になっているから、財政についての下院の権限が強ければ、大きな邦も妥協に納得するだろうと見込んだのだ。

しかしそれでも対立状況はなお残り、議論は続いた。その最中、強い連邦政府に反対していたニューヨーク邦の代表二名がヴァージニアへの反発の意もこめて会議場を去ることになる。すでにハミルトンも帰っていたためこれ以降ニューヨーク邦の代表は不在となり、票数が一票減ってしまった。

これにより、膠着状態は崩れた。駆け引きは続くも、最終的に七月一六日、ノースカロライナが賛成にまわり、またマサチューセッツはゲリーとキングの意見が分かれて分裂したことで、賛成五、反対四、分裂一というかたちで採決となり、上院（各邦平等に二名ずつ）は下院（人口配分）とは異なる議席配分となった。ほとんど誰も納得のいかなかったことだが、これも今でも続くアメリカ合衆国のユニークな政治体制であり、独自の権力バランスの基礎になった点である。

誰が大統領を選ぶか

さて、ようやく連邦議会の選出方法についての対立が終わったので、論点は別のところに移った。そのなかでも特筆すべきは、大統領の選出方法と、連邦最高裁による違憲立法審査の誕生である。

前者については、先述のように、人民から直接選ぶか、連邦議会が選ぶかをめぐって争いが続いていた。前者を支持する有力者はガヴァナー・モリスとウィルソンだった。もし議会が大統領を選ぶと、大統領が議会に従属してしまうので、立法府の専制につながるというのがその理由だった。しかし多くの会議参加者は大統領をコントロールしたいと思ったため、依然として議会による選出を支持した。

この対立状況をふまえ、七月一九日、エルズワースは六月二日のウィルソンの案を再度議題にかけた。選挙人団というアイディアである。これには多くの邦が賛同し、いったん可決されることになった。しかし、選挙人団の人数をめぐって再び議論が紛糾し、また七月二三日からようやくニューハンプシャーの代表が参加したことで意見はひっくり返り、七月二四日には再び連邦議会からの選出に戻ってしまった。ここからも、誰が大統領を選ぶかについての意見がいかに割れており、そして重要な論題と思われていたかがわかる。まだまだこの点は、決着がつきそうになかった。

もう一つが、連邦最高裁による違憲立法審査というアイディアの登場だ。もともとこれは邦議会への拒否権としてマディソンが連邦議会に与えたがっていた権力だったが、それはさすがにまずいとして、裁判所に持たせることになった、というのがきっかけである。これも今でも日本国憲法にまで流れこむ革新的なアイディアだったが、会議の荒波のなかで生まれたものだったのだ。

さらに、連邦最高裁判事の選出方法もまた、変更が加えられた。六月段階では、連邦最高裁の判事は連邦上院によって選出されるべきだとマディソンが主張し、その意見が通っていた。しかしその後の小さな邦の抵抗の結果、連邦上院に対して自分の邦ヴァージニアが影響力を持たないと七月一六日にわかると、マディソンはウィルソンと結託して二日後には連邦

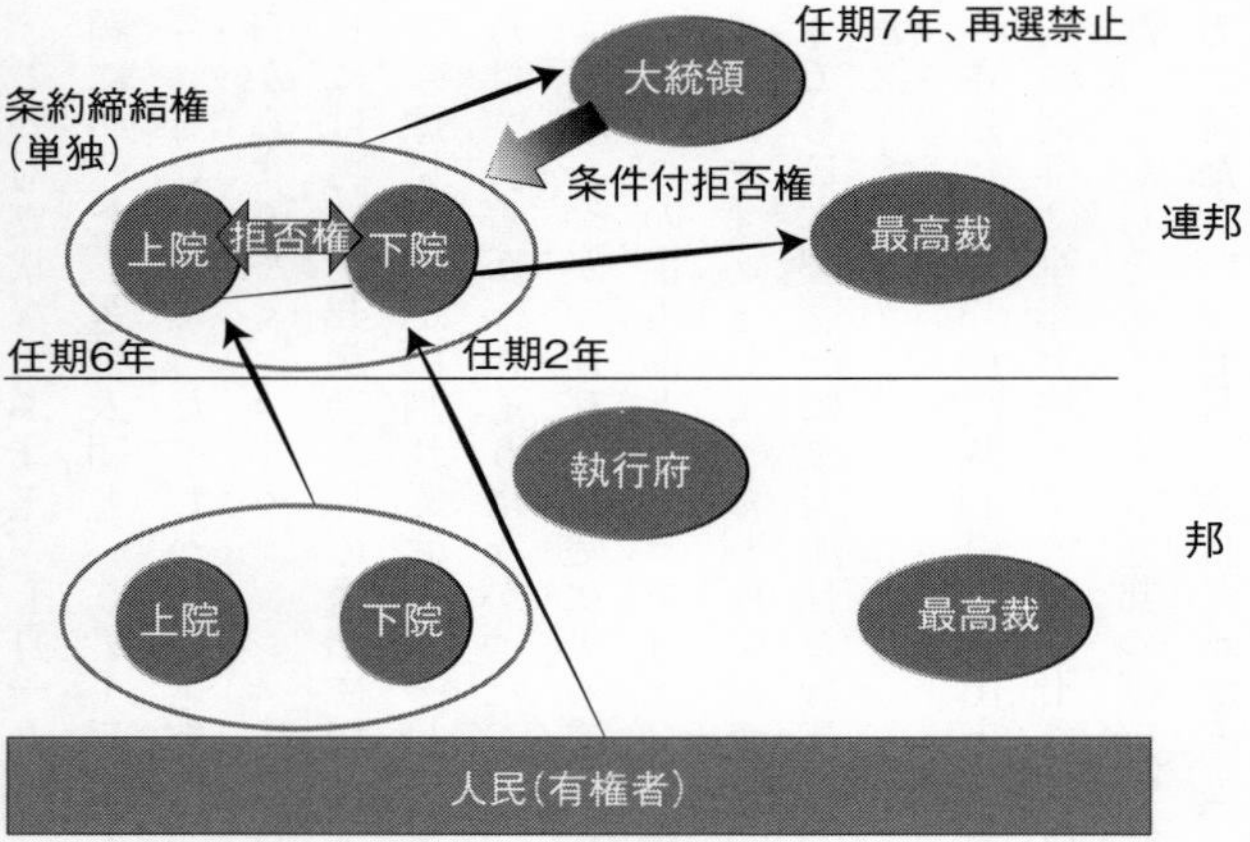

図3－9　詳細委員会案　1787年8月6日の草案

最高裁判事の任命権を大統領へと変更しようとした。これは反対多数で否決されたが、続いて大統領の指名&連邦上院の助言と承認という案をナサニエル・ゴーラムとマディソンが訴えると、これまた意見が真っ二つに割れてしまい、協議事項として残ることになった。

結――大団円？

一七八七年七月二三日に連邦上院議員の人数が各邦二名に決定されると、ここまで二ヵ月弱の議論を経て、あらかたの制度が定まったので一度憲法の草稿を書いてみることになり、会議は七月二六日に詳細委員会五名（サウスカロライナのジョン・ラトリッジ委員長のもと、ヴァージニアのエドマンド・ランドルフ、マサチューセッツのナサニエル・ゴーラム、ウィルソン、エルズワースが委員となった）を残し休会となった。大きな邦と小さな邦、北部と南部のバランスをとった人選である。

休会中、地元に戻るものもいれば、フィラデルフィア近郊を散策する者もいた。ワシントンはロバート・モリスと魚釣りに出かけていたという。インドア派のマディソンは相変わらずの勤勉さで会議の行く末を案じ、勉強を怠らなかった。

さて八月六日に再び集まった代表たちの前で、詳細委員会による草案が提示された。その骨子は図３－９の通りである。

この草案が一つずつ検討されていくことになるが、①外国との条約締結の権限、②奴隷制、そして③大統領の選出方法という点で特に意見が分かれた。

まず、外国との条約締結の権限だ。詳細委員会による草案では、これは連邦上院に単独で置かれていた。つまり、大統領にその権限が与えられていなかった。しかしその後、大統領&上院の助言と承認という権限が加わり修正が施された。第5章で述べるように、これは一七九〇年代になると国内の政治対立の火種になってしまった。

次に、より厄介だったのが、奴隷制をめぐる問題だった。南部サウスカロライナのラトリッジを委員長とした詳細委員会の案では、「海外との奴隷貿易に対して課税をしたり禁止したりすることは認められない」との条文が作成された。南部に譲歩して、奴隷制擁護をはかったのである。

だがこれはかえって、八月に多くの議論が展開されるきっかけとなった。奴隷制を禁止したい北部の論拠は、道徳的に許しがたいとするものと、経済的利益を疑問視するものとがあった。とはいえ北部の代表のなかにも、議席配分の際のような意見対立を再び引き起こすことを恐れ、奴隷禁止の主張を躊躇《ちゅうちょ》する者もいた。

他方で南部でも、メリーランドとヴァージニアは北部の奴隷禁止論に同調した。例えばヴァージニアのメイソン（ヴァージニアの権利章典を起草したのが彼であることを思い出してほしい）は、奴隷制は植民地時代に英本国が持ち込んだ悪しき慣習であるから廃止すべきだ、と主張した。

対して最南部の三つの邦（ノースカロライナ、サウスカロライナ、ジョージア）はこれに反発した。詳細委員会の委員長ラトリッジは、「宗教も人道も奴隷制には何の関係もない。利益のみが統治の原理である」と経済的な理由を主張した。また同じくサウスカロライナのC・C・ピンクニーは、メイソンの主張を「偽善だ」と糾弾した。ヴァージニアは経済発展し、十分な奴隷が国内で「再生産」できるほど人数が増えたから輸入しなくても良くなっただけであり、それを人道的な顔をしてごまかしているだけではないか、というのだ。自分だけ善人面をするな、という痛烈な反撃である（メイソン自身も奴隷を所有していた）。

図3－10　連邦憲法、ガヴァナー・モリスによる前文

このように意見の収拾がつかなくなってしまったので、再度委員会を作り、条文が作成し直された。その結果、八月二五日に「一八〇〇年以降は奴隷輸入を禁止し、それまでの期間は航海法で関税を課す」という条文案が提示された。大きな進歩だが、これにもサウスカロライナは反発し、輸入可能の期限を一八〇八年に延長できないか、と主張した。マディソンはこれに反論したが、結果、サウスカロライナの案が可決された。

またこの際にマディソンは、関税を課すことで奴隷輸入を減少させようとする案にも反対した。たしかに奴隷輸入を妨げるには効果的だが、奴隷への関税を認めるのは、人間を物扱いすることになるのではないか？という懸念である。少数意見にとどまったが、難問であるというべきだろう。

最後の大問題が、大統領の選出だった。これはずっと争われており、連邦議会による選出か、選挙人団か、という点で揉めていた。九月四日から六日の三日間、最後の議論が交わされ、選挙人団の制度が採用された。理由としては、直接選挙ではないので人々の能力の有無を考慮しなくともよく、連邦議会から選ぶのではないので癒着や大統領の議会への従属も心配ない、というものだった。なお合わせて、連邦最高裁判事の任命権が大統領にうつされた。また、七年任期、再選禁止という詳細委員会の提案も、四年任期、再選ありに確定された。

こうしてようやくすべての議論が片付いたので、清書がなされた。また「我ら合衆国人民は（We the People）」この憲法を制定する、と冒頭で人民主権を高らかにうたう有名な前文がG・モリスによって書かれた。

これであとは署名を残すのみ、と思いきや、最後の疑問がメイソンとゲリーから提示された。権利章典は作らないのか？というものだ。今の日本国憲法でも当たり前に書かれている人権規定が、合衆国憲法には当初存在しなかった。だから、これでは人々の権利が保障されていないではないかというわけである。これに対してシャーマンは、すでに各邦の憲法で人々の権利が保障されているところが多いのだから、重ねて連邦憲法で明記する必要はない、と答えた。だが、メイソンとゲリーは納得しなかった。

署名へ

会議の最終日である一七八七年九月一七日、フランクリンは、以下のように署名を訴える演説を行った。彼は多くの参加者の妥協の連続として出来上がった連邦憲法案に、多くの出席者が納得していないことを承知していたため、次のように述べた。

私も憲法案に納得いっていないところはある。しかし長生きしていると、重要な問題について、以前は正しいと思っていた自分の意見が間違っていた、と考えが変わることもたくさんある。だから、年をとればとるほど自分自身の判断に疑問を持つようになり、他者の判断に対していっそうの敬意を払うようになった。

長老らしい感動的な演説である。だから、現在の自分の意見に固執せず、自分が誤っているかもしれないと思って、署名して、憲法案を通しましょう、そうフランクリンは訴えたのだ。彼は一七九〇年に亡くなるため、輝かしい経歴の最後の大仕事だったと言えよう。しかし、このような呼びかけにもかかわらず、なお署名を拒否した者もいた。それも会議を先導してきた者に。どれだけこの憲法案が失望を生んだ、妥協の産物だと思われたかがわかるだろう。

署名を拒否した者は以下の三名である。まず、ヴァージニアを代表する政治家、メイソンが拒否した。彼の反対理由は権利章典が欠けている点を筆頭に多岐にわたった。それはノートとして出回ることになった（これについては第4章で述べる）。

同じくゲリーも、権利章典が欠けている点を問題視したうえ、二つの党派が分裂したまま憲法案が形成された点を不安に思ったため、署名を拒否した。本章冒頭で述べたように、彼は内乱が起きると懸念した。彼の邦であるマサチューセッツで起きたシェイズの乱を彷彿とさせるものだ、と述べたのだった。

最後に、ヴァージニア案を提示した主要参加者、ランドルフも署名を拒否した。その理由はゲリーと同じく、無秩序や市民間の騒動を引き起こすことを恐れて、というものだった。しかし彼はあくまでこれは自らの良心に従ったためであり、いったん憲法案ができたからには、邦の批准会議では憲法案賛同のために尽力する、とも述べた。

それ以外の、会議に終始参加しなかったロードアイランドを除く一二の邦の代表三九名が署名した（あまり会議に参加しなかったニューヨークも、ハミルトンが八月上旬に会議に戻ってきて一人署名している）。

このようにして完成した連邦憲法案に対しては、今日の高い評価とは裏腹に、会議参加者はみな不満を持っていた。マディソンもパリのジェファソンにあてて「連邦の形成目的を効果的に満たすわけでもなければ、邦の悪弊を防げるわけでもない」と嘆いている。ハミルトンもまた「自分の案が、他の誰よりもこの連邦憲法案とは遠く隔たったものだった」と、会議最終日に納得いかない様子をみせた。参加者の多くの連邦案の評価は、多くの人間が関わりすぎたがゆえの失敗作というものであった。

しかし、多くの人間が関わったがゆえに、その知恵が集積されたものとして、憲法を高く評価する者もいた。のちに辞書の編纂でも知られるウェブスターは、合衆国憲法には「あらゆる時代の知恵が集められた——古代の立法者たちもそうだし、関係する大勢の意見と利益についても同様に参考にされた」と言い、一人の人間の見解か、特定の利益集団の意向によることが多い他の国家の創設とは異なると述べた。その意味で合衆国憲法は「理性の国家(*empire of reason*)」だと称賛している。

先述のように、それまでの立法者論の常識から言えば、多くの人間が関わった国家体制の構築というのはロクなことにならない。アメリカ革命が革命と呼ばれるゆえんは、連邦憲法制定会議において、この常識に挑戦し、立法者たちが、国家の基礎を作り上げた点にある。結果的には、会議における妥協と対立の連続と、それにともなって生まれた微細な政治バランスこそが、決して一枚岩たりえない巨大な連邦国家の統合を促していくことになったのだった。

もちろんそれは、決して会議だけで生み出されたものではない。憲法はまだ紙上で作り上げられただけに過ぎない。それは実践と運用のなかで民主政へと作り上げられていくのである。次章以降はその実践と運用をみていこう。

第4章　合衆国の始まり――一七八七～一七八九年

さまざまな思惑が交錯した連邦憲法制定会議だったが、なんとか案は出来上がった。だが、これで憲法がただちに完成したわけではない。むしろこれからが本番と言っていいかもしれない。邦の人々、つまり主権者たる人民がこれを認めてくれなくてはいけないからである。

成立の基準は一三邦のうちの九つの批准による、と定められている。それなりにハードルは高い。会議に代表を送ることすら拒否したロードアイランドの反対はあまりに明白なので、一二分の九、割合にして七五％である。しかも、各々の邦のなかには反対派が待ち構えている。そもそも憲法制定会議に参加した代表たちは、強い連邦権力の形成にどちらかと言えば肯定的な態度をみせていた。

そうではない人たち――例えばヴァージニアのパトリック・ヘンリー（Patrick Henry, 1736-1799）のように、連邦憲法の制定を拒否し、会議への参加を断った政治家もいたのである。

各々の代表を手ぐすねひいて待ち構えていたのは、そのような手強《てごわ》い政敵である。

ここにきて、あれほど白熱した対立をみせていた会議参加者たちは、にわかに共闘の相手として、このうえなく頼りになる味方たちと化す。いったん連邦憲法案ができてしまえば、いくら本心では自分が反対の案でも、全力で賛同しなくてはならない。守秘義務があったため、憲法の各部分は誰のどのような意見が通ったのか、会議の外部の人間にはわからない。なので、憲法案のすべてを丸ごと肯定しなくてはならないという立場に置かれたのである。いったん会議を通ってしまえば、会議内で反対したアイディアも全力で賛同し、反対者を説得しなくてはいけない、という立場のご経験をお持ちの方にはすごくイメージが湧きやすいだろう。

だから、代表たちは協力しながら、どうやったら連邦憲法案を納得してもらえるかという説得の修辞《レトリック》に頭をめぐらせることになったし、会議での論敵が使った修辞を他の者も借用したりした。昨日の敵は今日の友、である。

ペンシルヴェニアの批准

さて、一二の邦の代表たちはそれぞれの邦に帰ったり、途中で寄り道をしたり、あるいはニューヨークで行われている連合会議に参加する、といった行動をとった。だから、すぐにすべての邦に代表が戻っていざ批准会議へ、となったわけではない。

批准会議の先陣を切ったのはお膝元のペンシルヴェニア邦である。当たり前だがフィラデルフィアにいた代表たちは移動する必要がない。即座に憲法批准会議の招集を決めた。このために選挙が行われ、選ばれた者が批准するか否かの投票権を得た。

フィラデルフィアはすべての邦の中心的な場所であるとの自負もあり、一二の邦はお互いの議論の進行状況を気にしていたため、フランクリンやG・モリスやウィルソンは他の邦の先導役になろうとの意気込みをもって批准会議に乗り込んだ。しかし、そこには不安要素もあった。フィラデルフィア近郊においては批准賛成派が多かったのに対して、ペンシルヴェニア邦の内陸部では反発がより強かったことである。なので、決して予断を許さなかった。

憲法制定会議が終わるや否や、署名を拒否した人物の反対意見が出回ったことも心配の種だった。ヴァージニアのメイソンが記したノートには、大略以下のような反対意見が含まれていた。

- 権利の章典が欠けている。
- 連邦下院は実体がなく人民の信頼もない。
- 連邦上院が強すぎる。人々の自由を簒奪《さんだつ》する危険がある。

・連邦裁判所が邦の裁判所を飲み込んでしまうのではないか。
・参議会がないのは大問題である。大統領の助言者がいない。
・代わりに助言を上院が行うことで権力の融合が起きている。

このノートはメイソンの知名度と相まって多くの人に回読された。さらに一七八七年一一月には新聞に印刷もされたことで、憲法反対論の支柱としての役割を果たした。

このように、邦を超えて憲法に賛成する立場、反対する立場の二つの立場が全国的に形成されていくことになった。前者をフェデラリスト、後者をアンチ・フェデラリストと呼ぶならわしがあるが、後者はもともとフェデラリスト側からの蔑称であり、歴史学の用語として適切かは議論が分かれる。憲法批准反対派のなかには自分たちを「共和派」、憲法批准賛成派を「反共和派」と呼んで、反対の印象操作を行う者もいた。どう呼ぶか自体がきわめて政治的なイシューだったとわかる。

さて、会議は一一月二一日にようやく始まった。ここで批准反対の急先鋒となったのは政治家ウィリアム・フィンドレー（William Findley, 1741-1821）である。彼の主張は、連邦憲法があまりに多くの権力を連邦に集めているため、やがて邦政府が消滅してしまうのではないかというものだった。その推察根拠としては邦の主権が文言上消えていること、連邦が課税権を持っているといったことだ。

これに対してウィルソンは反論する。連邦と邦の主権の区別は無意味である。人民に主権があるからだ。また、代表制を採用するのがアメリカ合衆国の優れた点であるとも彼は論じる。イギリスは、代表について適切に理解してこなかった。人民の主権に基づく代表制を有する連邦共和国を、我々は世界に先んじて創出せねばならない。そのようにウィルソンはアメリカ合衆国の政治の先見性を訴えたのである。

ペンシルヴェニアの批准会議は「オープンドアルール」のもとに進められた。市民が会議のすぐ後ろに詰めかけられる、という開かれた議論を目指すためであり、憲法制定会議が密室で行われたのと好対照である。といえばペンシルヴェニア邦に聞こえはいいが、実際には憲法批准派が、同じく賛成派の多いフィラデルフィア市民の援護をもらおうと施した仕掛けだったようだ。

ウィルソンの議論やこのような市民の後押しもあり、結果、一二月一二日にペンシルヴェニアは四六対二三のダブルスコアで批准を決めた。一番乗りかと思いきや、実はデラウェアが五日前の一二月七日にわずか三時間の議論のみで投票を行い、満場一致であっさり批准を決めていた。デラウェアといえば小邦の代表であり、賛成理由に疑問を持たれるかもしれない。それはお隣ペンシルヴェニアの高関税に苦しまなくてすむから、というものだったようだ。また、上院において代表数がどの邦も同じであるという憲法制定会議の妥協も、小さな邦にとって批准賛成の大きな誘因として働いたようだ。

『フェデラリスト』

さてその後、年明けまでにニュージャージー（一七八七年一二月一八日）、ジョージア（一七八八年一月二日）、コネティカット（一月九日）と、五つの邦が批准し、まずは順調な滑り出しをみせた。コネティカットでは制定会議参加者のシャーマンとエルズワースが奮闘し、世論を味方につけた。しかしなお激戦の邦が残っていた。マサチューセッツ、ニューヨーク、ヴァージニアである。

これらの邦における賛否真っ二つの世論は、紙面上の論争というかたちですでに現れていた。例えばニューヨークでは「カトー」、「ブルータス」という共和政ローマの有徳市民になぞらえたペンネームによる反対意見の連載が、それぞれ一七八七年九月二七日と一〇月一八日からニューヨーク・ジャーナル紙で始まっていた。

世間の空気を反対にもっていかれてはまずい。そう懸念したハミルトンは、ただちに批准を擁護し、反対派がいかに誤っているかを論証し、論駁《ろんぱく》するための連載を始めることにした。一〇月二七日に「パブリアス」の名で、インデペンデント・ジャーナル紙上で始められたこの連載こそ、のちに『フェデラリスト』として合衆国憲法論の古典となるものである。

執筆にあたりハミルトンは共著者を募った。まずニューヨーク邦の信頼する先輩ジョン・ジェイが加わった。次いでハミルトンはＧ・モリスを適任と考えたが、断られた。そこで、ニューヨークに連合会議代表として滞在していたマディソンに白羽の矢を立て、三人での執筆が始まった。とはいえ、最初こそお互いの原稿を読みつつ執筆を進めたものの、ジェイは腰痛で離脱し、ハミルトンとマディソンも、お互いの激務のため徐々にお互いの主張をきちんと把握せぬまま書き殴っていくことになった。

推敲もしていないこのような走り書きの新聞連載が今日でも古典として読まれ続けているのは、その議論の独創性と後世に与えた影

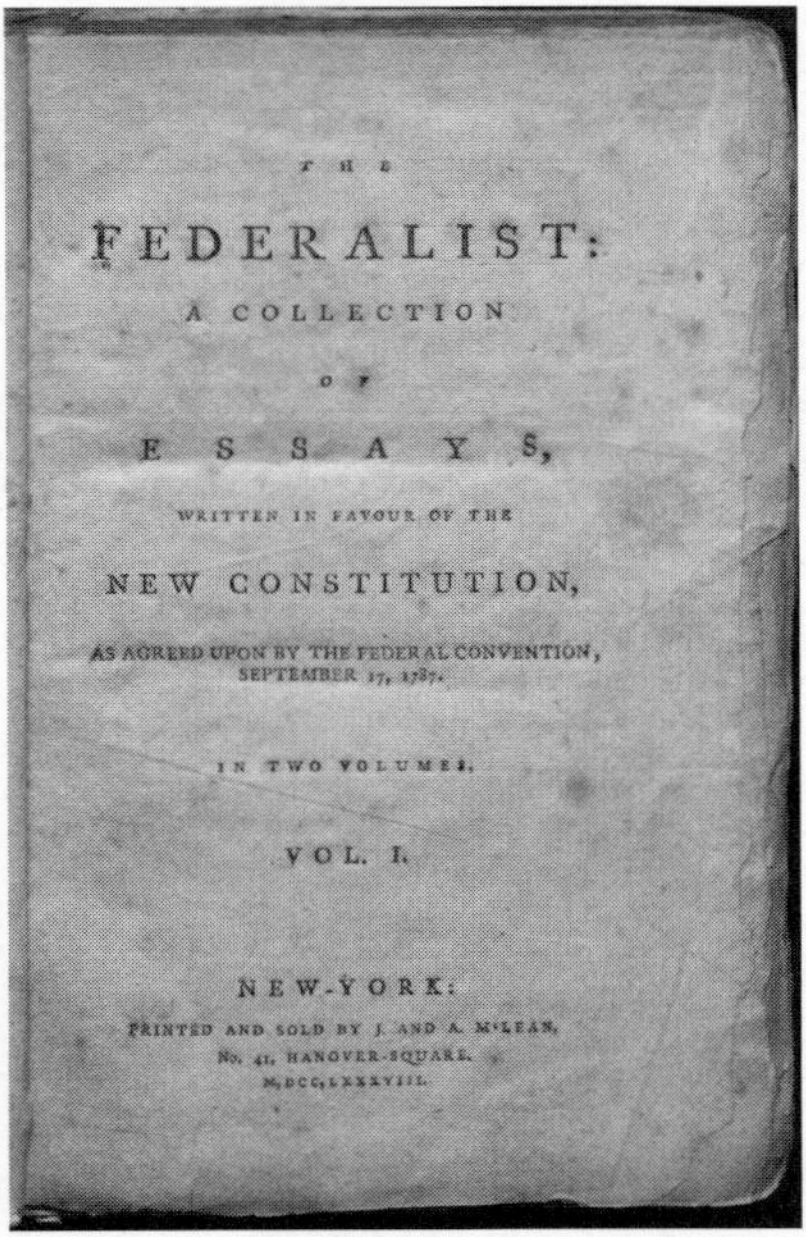

図４－１　『フェデラリスト』表紙

響力ゆえである。合衆国憲法の長所をこのうえなく伝えており、そして何が何でも連邦憲法案を擁護するために批准反対派を論駁しようとする情熱と説得の修辞の豊かさは、今でも読むものを惹きつけてやまない。

全八五編から成るため、すべてを紹介することは残念ながらかなわない。ここでは特に優れた理論として知られる二つを取り上げたい。それが一〇編（一七八七年一一月二二日）の大きな共和国論と、五一編（一七八八年二月六日）の抑制均衡論である。ともにマディソンによって記された。

大きな共和国論というのは、共和国の領土は大きいほうが良いとの主張である。これは当時の政治学上の通説に真っ向から反するものであった。先述の『ブルータス』一編（一〇月一八日）も、『カトー』三編（一〇月二五日）も『法の精神』八編一六章を引用しながら、大きな共和国が不可能なのは政治学上の公理であると主張している。モンテスキューがこのように言うのは、小さな共和国では人々が自分たちの徳によって国を支えようとする（人数が少なければ誰も他人任せにはしないものである）し、大きな国では大きな利益があるので、人々はそれに釣られて国の共通善をないがしろにしてしまうからである。現代日本という大きな国家に住む私たちの直感にも合う、納得させられる議論だ。

ところがマディソンはこれを逆手にとる。なんと、共和国は大きくないと無理、というのである。

彼の主張によると、政治では不可避に派閥が形成されてしまう。しかも小さな国家では一つの派閥が国家全体を牛耳り、少数派を抑圧してしまうことになってしまう。人間がグループを作らなくなることはないので、どうにかして派閥の悪影響を軽減するしかない。そのためには国家を大きくすればいい。こうマディソンは考えた。大きな国でなおかつ代表制を導入すれば、人々はバラバラのままで、一つの派閥が支配的になりづらい。こうして大きな共和国でこそ、少数者の保護は可能になる、というのが彼の論旨である。そして代表制を導入すれば、人々に選ばれた少数の能力ある人間による政治が展開できるという利点もあるという。徳という概念で考えるよりも、人間が派閥を作り意見や信仰の異なる者を抑圧してしまうというペシミスティックな前提から議論を始めるところが面白い。

次に、抑制均衡論については四七編以降で論じられている。ここで問題となったのは権力分立をめぐる議論である。というのも、批准反対派はここでも『法の精神』に憲法が反していると主張したからである。同時期には『ブルータス』五編（一二月一三日）も、類似の議論を展開していた。「大統領と上院との危険かつ早計な結合」と、上院における三権の融合が問題だと言うのだ。同時並行でこのような疑義が呈されたのは頷けるし、場合によっては現代日本の読者も納得させられる人は多いかもしれない。そうだったからこそ、マディソンはこれに対しても反論を余儀なくされた。

彼の反論は、権力分立とは、三つが完全に独立しているべきではない、というものだ。つまり、相互に不干渉なのではなく、他の部門が侵害してきたときに防御となるような手段を持つ、というのである。このような憲法構造をマディソンは抑制均衡と呼び、大統領と上院の関係もまたその意味で権力分立と言いうると考えていた。五一編に一週間先立つ四七編（二月三〇日）では、モンテスキューもまた権力を分けるというとき、完全な独立を意味していたのではなく、部分的な重なり合いを前提に議論していた、と『法の精神』を解釈している。

モンテスキュー解釈について現代日本では、このマディソンの理解を通じて捉える傾向が強いが、面白いのは同時代の『法の精神』解釈はマディソンのようなものばかりではない、ということである。例えば、ニューヨークのデイリー・アドバタイザー紙（一七八七年一二月一二日）では、ジョン・スティーヴンスと思《おぼ》しき「アメリカヌス」という著者が「カトー」批判の文脈でモンテスキューをぼろくそに貶《けな》している。またマサチューセッツでもマディソンの議論の二週間前に、アレグザンダー・ゴアが古典古代を念頭に置いて書かれた『法の精神』を全く状況の異なるアメリカに援用するべきではない、と述べている。

さらに言えば、ほかならぬマディソンも意外とモンテスキュー評価は辛いし、マディソンの憧れの先輩ジェファソンも一七九〇年の書簡で『法の精神』を厳しめに評価している。『法の精神』は「カトー」など合衆国憲法反対派が持ち出した知的権威であり、それに対抗するためにモンテスキュー解釈争いが行われた、というのが実情だったのかもしれない。やや踏み込んで言えば、マディソンに依拠してモンテスキューを解釈する思想史図式は偏りすぎだから修正されるべきではないか、とも考えられよう。

マサチューセッツの激戦

これらの全米中の論戦を背景に、マサチューセッツ邦の批准会議は一七八八年一月九日に始まった。議長には、かつて独立宣言採択時に大陸会議の長も務めた独立運動のヒーロー、ジョン・ハンコックが選ばれた。実はハンコックは痛風で会議当初は参加ができない状況だったのだが、委細構わず議長に祭り上げられた。彼自身が憲法批准に賛成なのか反対なのかは気まぐれな性格ゆえにはっきりしなかった。

マサチューセッツの議論もまた、真っ二つに割れていた。批准反対派の大御所として、サミュエル・アダムズがいたからである。六〇代後半になる彼は、第2章で述べたように、ハンコックと並ぶもう一人の独立運動のヒーローである。そんな彼にとって連邦憲法は、かつての独立の情熱を裏切るものとして捉えられた。強力な中央政府こそ、独立運動が否定したかったものではないのか？というわけだ。もっとも彼はその後会議が始まるとほぼ沈黙を保った。ボストンの民衆に賛成の声が多かったからそれを重視したとも、また一月一七日に息子を亡くした悲哀のためとも言われている。

地域差もあった。邦の西部の人々は、一七八〇年の邦憲法が東部の富裕層によって制定されたことへの不満があった。東部人の利益のために作られた邦憲法によって多くの人々が困窮したのが原因だと捉えられた。シェイズの乱も、そんなときに今また課税権を連邦に与えるというのは心配の種だった。ただし邦の西部の人々も決して一枚岩ではなく、意見は多様だった。

ボストンからみてさらに北東の飛び地、現在のメイン州（邦も州も英語ではともにstateだが、憲法批准後は邦ではなく州と訳す慣行が日本語にはあるため、本書もこれに従う）は当時まだマサチューセッツの一部だったが、ボストン周辺とは温度差がかなりあった。分離独立を叫んでいる者が多く、その達成のために連邦議会が妨害要因となりそうということで、連邦憲法案に反発したのだ。なおのち一八二〇年にメインは独立を果たすことになる。

会議で議論を先導したのは、憲法会議参加者たちの演説である。ルーファス・キング、そして憲法案に反対したゲリーがそれぞれ賛成、反対の立場から主張を繰り広げた。

反発は強力であり、雲行きは怪しかった。一七八八年一月下旬になっても批准の見込みは立たず、反対派は自分たちの自由が連邦憲法によって喪《うしな》われる、との不信感を募らせていった。この状況下で、二つのことがらが事態を変化させることになった。

一つ目が、修正案の付帯である。つまり、ただ批准に賛成、反対というのではなく、並行して修正案を提示するという条件付きで批准するという案だ。これなら、単に賛成というよりも賛同を集めそうと批准賛成派は見込んだのである。

二つ目が、ハンコック議長の登場である。彼は一月三〇日に議場に姿を表した。全快には程遠かったが、何人かの参加者は、病気を言い訳に参加を遅らせていたのではと疑った。キングは、激戦が予想されるヴァージニアがもし批准を否決すればワシントンがいなくなり、あなたが大統領になるだろうとハンコックを焚《た》き付けた。そして、ハンコックに修正を付して批准を賛同するように根回しを施した。

ハンコックはその提案に乗っかり、議場で連邦政府の権力を留保するための九つの修正案を提示した。これに呼応したのがもう一人の長老サミュエル・アダムズだった。このようにして、リーダー格の政治家たちも賛同することで、徐々に九つの修正案付きの批准が現実味を帯びていった。

最終的に投票が行われたのは一七八八年二月六日。一八七対一六八、わずか二〇票弱の僅差でマサチューセッツは批准した。結果として、修正案が九つ提示され、連邦議会に提示されることになった。これ以降、マサチューセッツ以外の批准会議でも、修正意見を付した条件付きの賛成という態度もみられることになった。これはのちの権利章典へと結実することになる重要な流れである。

ヴァージニアの論戦

残るはワシントン、ジェファソン、マディソンのお膝元にして最大の邦、ヴァージニアである。一七八八年六月のヴァージニアでの批准会議開催が決まると、大きな共和国論、抑制均衡論という政治理論を置き土産にしてマディソンは三月に地元に戻った。『フェデラリスト』の残りの編はほぼすべてハミルトンが執筆し、五月に完結にこぎつけた。

さて、マディソンが戻ったヴァージニアもまた、批准すべきかをめぐって激戦が交わされた邦だった。主な反対派はヘンリー、独立宣言時のヴァージニア代表としても名高いR・H・リーに加え、憲法制定会議で署名を拒否したメイソンである。

六月二日に始まったヴァージニア批准会議のなかで一際目立ったのは、舌鋒《ぜっぽう》鋭い雄弁家、ヘンリーである（彼の有名な演説、「自由か、しからずんば死か」を歴史の授業で習った方もいるかもしれない）。彼の主な論点は次の二つである。

まず、大統領の強大な権限への反発と、君主政への懸念だ。今までみてきたような大統領への反発をヘンリーも繰り返したうえ、マディソンに嫌味をぶつける。『フェデラリスト』一〇編では直接民主政よりも、人々に選ばれた少数の代表による政治が望ましいと思われていた（141頁）が、だったらいちばん有能な一人を君主として政治を委ねればいいことにならないか、というのである。ヘンリーはこのようにして君主政にアメリカ合衆国が変化してしまうことを恐れる。

さらに、「我ら人民（We the People）」という憲法前文の表現をもヘンリーは批判する。今回の憲法制定会議で案を作ったのはあくまで邦の代表であり、なおかつ法人格としても、邦の集合として連邦が形成されるべきである。しかし、これを「我ら人民」と勝手に称するのは不適切ではないかというのだ。

このようなヘンリーの意見に賛同する者も多く、数週間に及ぶ議論において形勢は拮抗《きっこう》し、誰も結果を見通せなかった。だが、修正案を含めて賛同するという流れが徐々に強まり、六月二七日に八九対七九の一〇票差で、批准を決めた。

ヴァージニアの批准は決定的だった。ニューヨークもこれに遅れること一ヵ月、七月二六日に僅差ながら批准を決定。ヴァージニアとニューヨークという有力な邦の賛同は、連邦政治の安定にとって大きな意義を持った。かくして、批准が危ぶまれていた連邦憲法案はこの時点で、一一の邦が批准し（残ったのはノースカロライナとロードアイランド）、無事に連邦憲法が成立するはこびとなったのだった。

大統領をめぐる論争

以上のように、憲法批准をめぐる過程でも多くの政治思想が展開されたことは、注目に値する。先述の大きな共和国論と三権分立以外に、重要なトピックとしてあげなくてはいけないのが、執行府の単一性をめぐる問題である。つまり、憲法批准反対派からすれば、大統領が単独で執行権を行使するのは、とても危険な状況に思われた。ヘンリーのように、君主政にアメリカが戻ってしまうのではないかと警戒する者は多く存在した。君主政から離脱したのに、それでは革命の意味がなかろうというわけである。

そうなるのを避けるために提案されたのは、参議会と呼ばれる機構を助言者としてつけ、その実、大統領の権力を抑えるという方策だった。これは第2章でみたようにヴァージニアなど多くの邦憲法で知事に対してつけられた統治機構であり、それを踏襲すべきだとの判断が働いていた。

これに対して憲法案では、「執行権はアメリカ合衆国大統領に属する」(第二条第一節第一項)と書かれているのみである。これを執行府の単一性を意味するものとして理解したのが、『フェデラリスト』七〇編のハミルトンの議論だ。彼は、大統領をチェックする参議会のような統治機構は、かえって大統領が負うべき責任を曖昧にし、また緊急事態における迅速な意思決定を困難にもしてしまうとして反対する。この立場からすれば、参議会は有害なものでしかない。

しかし、両者の議論は平行線を辿ったため、大統領と上院の関係は、実際に連邦政治が始まって以降も、たびたび現実政治の問題になった。

マディソンの変節

権利章典もまた、批准論争中の重要なトピックだった。しかしこれは新たな統治機構の誕生後、すぐに問題にはならなくなる。というのも、あれだけ論争を重ねたにもかかわらず、結局すぐにマディソンらによって権利章典が連邦憲法修正一〜一〇条というかたちで新たに付け加えられるからである。

なぜそんなことになったのか。原因の一つはヴァージニアの政争である。憲法批准をめぐる論争は、批准賛成派のマディソンと反対派のヘンリーとのあいだに大きな溝を残した。敗北したヘンリーはただでは転ばなかった。ヴァージニアの下院の多数派工作によって、彼はマディソンが所望した連邦上院議員就任を阻み、憲法批准反対派だったR・H・リーをその座につけた。さらには、連邦下院議員のために立候補したマディソンの選挙区であるオレンジ郡の区割り変更によって票田を削った。加えて、マディソンへの刺客としてのちの第五代大統領、ジェイムズ・モンローを送り込んだ。ここで連邦下院議員の選挙に負ければマディソンはたちまちただの人である。ヘンリーは第二回憲法制定会議の開催と、権利章典を盛り込んだ憲法改正を目論《もくろ》んでいたためこのような妨害工作に励んだと言われている。

窮地に立たされたマディソンは、巴投《ともえな》げを試みる。それが、権利章典の公約である。あれほど否定していた権利章典を、連邦下院議員として憲法に盛り込む、と訴えたのだった。ヘンリーとモンローのお株を奪うこの起死回生の策によって選挙は接戦になった。結果はモンローの九七二票に対してマディソンは一三〇八票。辛勝だった。

マディソンの意見変更のもう一つの理由が、ジェファソンの主張である。フランス革命前夜のパリからマディソンと書簡でやりとりしていたジェファソンは、一貫して権利章典の欠落を連邦憲法の重大な欠陥だと訴えていた。マディソンはその意見を受け入れたとも言われている。ジェファソン、マディソン、モンローの三人は、その後第三代、第四代、第五代の大統領として「ヴァージニア王朝」（初代のワシントンを含め、ヴァージニアから相次いで大統領が輩出されたことを半ば揶揄《やゆ》する表現）を築いていくことになった。

以上のように、憲法の批准をめぐる論争のなかでも、連邦政治が始まったあとのさまざまな議論を先取りするような主張が織り込まれていた。フェデラリストの側が、憲法批准を否定する側の議論を取り込んでのちのち連邦議会で主張するシーンもみられた。政治的には敗れこそすれ、理論的には優れていたことの証《あかし》だ。「敗北の遺産」とこれを呼ぶ研究者もいる。

アメリカ合衆国の出発

さて、憲法は無事に批准され、ここにアメリカ合衆国が始まった。しかし、これでめでたしめでたしというわけにはいかない。むしろ従来見過ごされてきたのは、ここからの予期せざる政治的展開である。

成文憲法が書かれた。これは世界においてほぼ前例のない革新的な出来事である。それをどう運用するか、これについても当然ほぼ前例のない出来事になる。アメリカ建国者たちを悩ませたのは、その運用、実践の問題である。この難問に直面しながら、どうやって建国者たちは憲法体制を確立したのだろうか。

これをどう説明するかについては、いくつかのアプローチが可能だ。まず、初代大統領となったワシントンのパーソナリティから説明する歴史解釈である。明らかにワシントンは、自分自身が大統領として行うことがその後の先例となることを意識して政治的に振る舞っていた。もとより建国期においてワシントンの持つ個の力は圧倒的であり、憲法制定会議において議長に選ばれたのも、多くの人が憲法制定後の初代大統領としてワシントンを念頭に置いていたのもそのためである。したがって、新たな憲法体制はワシントンの力によって確立された、との説明もできそうである。

だがそれはあまりにヒロイックな見解にすぎるように思われる。連邦憲法の主眼はマディソンが述べたように、いかに野心を持った邪悪な政治家が登場しても、それを抑えられるような統治機構を確立する点にあった。だから、ワシントンに即して説明するのはこのような憲法制定趣旨と齟齬《そご》をきたしてしまう。こう考えると、むしろ重要なのは憲法の条文そのものの規定になる。憲法という構造によって限界づけられたなかで、いかに政治家が行動しえたのかに力点を置いて考える。これが二つ目のアプローチである。

この点がよくわかるのは、一七八九年以降の政治問題として、成文憲法がいかに理解されるべきかが政治的争点になったことだ。憲法解釈の方法の問題である。憲法の条文が曖昧すぎて濫用の恐れがあるのではないか――これは憲法批准論争の際から生じていた問題であり、これに対処するために、どう条文を解釈すればいいかが連邦議会において議論された。ここでも活躍したのはマディソンである。

このように整理すると、憲法批准後の実践については、ワシントンらの政治力学と、憲法条文による制約の二つを掛け合わせて考えていくのが良さそうに思える。一方では、憲法の条文を基礎としつつも、ワシントンやその周囲に集った政治家は、自分たちの政治行動こそが新たな先例となることを意識して振る舞うが、そこには憲法条文という超えられない限界がある。他方で、憲法条文という基底は、実際の解釈を通じてしか運用されない。いくら優れた統治機構を設けても、実際に運用し、ときには逸脱しようとする政治力学を発揮するのは、生身の人間たちである。

そこで次に、両者の相互関係、つまりワシントンとその周辺の政治家の行動と、連邦議会の法解釈による制約とを順にみていきたい。

ワシントン大統領の振る舞い

一七八九年三月、はじめての連邦議会である第一議会（アメリカは下院議員の任期二年に合わせて番号が振られており、二〇二四年八月現在は第一一八議会である）がニューヨークで始まり、ワシントン政権が出航した。以降八年間に及んだこの政権は、大統領の模範としてのちに継承されていくものだった。

まず問題となったのはその称号である。副大統領（憲法の規定上、同時に上院議長となった）ジョン・アダムズは大統領にものものしい称号をつけようと提案するが、反対にあう。これは立法府と執行府の関係を再確認する意味もあった。もし大統領に対して過剰な敬意が表されるならそれは議会の従属、さらには大統領の君主化を意味しかねない。結局はほかならぬワシントン自身がこのような大統領の君主化を拒み、時代錯誤にうつるアダムズの評価は下がることになった。

ワシントンが最初に直面した政治的困難は、先住民との外交問題、そしてアメリカ人の西方進出の問題である。先住民との政治的関係は喫緊のものとなっていた。独立戦争中、植民地軍に協力し、独立をサポートした先住民諸部族は、いざアメリカの独立が達成されると彼らとの相次ぐ紛争にさいなまされることになってしまった。そのため、条約の締結が特にオハイオや南北カロライナといった地域で重要な課題となっていた。

大統領就任から一ヵ月も経たない一七八九年五月下旬、ワシントンは先住民部族との条約について協議すべく、先例をすべて上院に送付した。先住民との条約は国外問題として理解されており、条約締結権については「上院の助言と承認」を要する、と憲法に書かれていたからだ。ワシントンはそれにのっとって行動した。しかし、上院はどう振る舞ったらいいのかわからず、この問題を棚上げした。

八月には再び協議のため、ワシントンは上院に赴き、演説を行った。はじめて大統領が議会で演説をした例としてこれは知られるが、結果はうまくいかなかった。上院議員たちはワシントンの来訪に戸惑い、対応もままならなかった。失望したワシントンは上院を見限り、独自の政治体制を構築していくことになる。例えば先住民などとの外交交渉については、実質的にヘンリー・ノックス（Henry Knox, 1750-1806）やデイヴィッド・ハンフリーズ（David Humphreys, 1752-1818）といった、ワシントンの独立戦争時からの右腕がその役割を担った。それは当然に軍事力の行使をともなうことになった。

ワシントンは自ら政治的権力を行使することや、政治的見解を表明することにきわめて慎重だった。彼自身が党派性を持つべきではないと考えていたのもあるだろうし、順調な新国家の門出のため、なるべく大統領と議会との軋轢を生じさせないように振る舞っていたとも解釈できる。しかしそうなると重要になるのは、彼の補佐役である。執行権の行使は現実には一人では不可能だ。自分一人で問題を解決することができず、補佐を求めるようになる。最初こそマディソンがその役を担っていたが、そのマディソンとも徐々に距離が生じ、権力バランスは変化していくことになる。これについては第5章で引き続き論じたい。

第一議会の開催

さて今度はワシントンの執行府とは別に、連邦議会ではどのようなかたちで権力が行使されたかを検討したい。

連邦憲法の制定理由の一つは、課税権の強化にあった。そのため、第一議会では当然財政問題、課税権の問題が重要なテーマになった。一七八九年四月に議論はスタートしたが、すぐに利害対立を背景とした対立につながった。海外製品の流入を危惧していたマサチューセッツなど北部ニューイングランドは高関税を主張し、自州の利益につながるよう画策した。対して外国からの輸入物に頼っていた南部は高関税がデメリットになると判断し、むしろ輸出入における関税の撤廃を主張し、真っ向からぶつかってしまった。

そのなかで生活必需品とそうでないものとを分けて、後者については関税を、という議論も出た。こうなると今度は、贅沢なものとそうではないもの、という道徳的な問題を議会の論争に持ち込むことになり、さらに議論は紛糾していくことになった。例えば、ラム酒や糖蜜といったものの税率が問題となった。厄介なことに、ニューイングランドはラム酒を西アフリカに売ることで奴隷を西インド諸島へと送り出し、西インド諸島から糖蜜を輸入する三角貿易を行なっていた。したがって奴隷制という絶対に対立を生む問題を含んで議論が展開されていくことになってしまった。

この結果、歳入法の成立は数ヵ月を要した。成立の遅れ自体が連邦の損失を生んでいるとエルブリッジ・ゲリーは批判して、早期の法案可決を訴えた。最終的には低関税がかけられることになり、北部が南部に対して意見を通しつつも譲歩する格好になった。

執行府の創設

同時並行で、ワシントン政権の運営方法についても議会で議論がなされた。議会以外の政治権力、とりわけ執行府（つまり大統領とそのもとにある公務員）をどのように設置するかが問題となった。

執行府の形成が議論の争点になったのは、外務省や財務省の創設が提案された一七八九年五月一九日以降のことである。省庁の設置自体は大きな問題とはならなかったが、これに付随して議論になったのが、公務員の罷免権の問題だった。というのも、これについては連邦憲法に何の規定もなかったからである。

公務員の任命権については、大統領が「法律をもって設置される他のすべての合衆国公務員を指名し、上院の助言と承認を得て、これを任命する」と、連邦憲法第二条第二項第二節に定められている。しかし反対に、罷免権について書かれていないことから、これをどのように理解すべきかをめぐっていくつかの主張が飛び交った。なかでも、大統領のみに罷免権があるという主張と、大統領と上院が共同で罷免するという主張とが、激しく争われることとなる。

問題はどのようにして両者の主張が憲法解釈によって支えられているかである。大統領と上院の共同説の根拠は、任命権と罷免権とをセットにして理解し、任命権の規定がそのまま罷免権にも妥当するというものである。同時に、任命権が大統領と上院に共同で置かれた理由まで遡って考えれば、これは大統領個人の権力拡大を阻止したいとの憲法の意図にも合致するとも理解できる。

これに対して、マディソンは大統領単独説の論陣を張ることになった。大統領単独説の側の理由は、二つになる。一つは、権力分立という原則である。もう一つは、責任の問題である。連邦憲法では、「執行権はアメリカ合衆国大統領に属する」と書かれており、罷免権は執行権の行使なのだから、大統領のみに属していると解釈すべきである、というのが権力分立の原則に照らした主張だ。また、もしも上院が共同で罷免権を持つ場合、罷免という行動に対してどちらが責任を有するのかが不明瞭になってしまう危険があるため、大統領という単一の存在に権力を委ねるほうがよい。このような主張もみられた。

いったんこの問題は下火になるが、六月一六日以降再燃する。そこで大統領と上院の共同説の論拠として持ち出されたのが、なんと『フェデラリスト』である。ハミルトンが書いた七七編で、公務員の任命権は大統領と上院に共同で与えられていることの利点が述べられている。それを共著者のマディソンに突きつけることで、あなたも執筆した『フェデラリスト』でも似たこと言っていますよね、というのである。

困ったマディソンは、『フェデラリスト』との意見の相違を認めたうえで、「憲法が沈黙しているところでは立法の裁量に服さなくてはならないと言える」と、連邦議会の法解釈権限をより強調することで、大統領の単独の罷免権をなお擁護した。

これは単にテクニカルな統治機構の問題を超えて、二つの重要な論点を含んでいる。一つは、大統領の権力をどのように作るか、という点である。大統領が単独で罷免権を持つということは、自分に異論を唱える官僚を大統領の一存でクビにできるということでもある。大統領の専制につながらないか、との懸念も想像しやすくなるだろう。実際、トランプ政権のときにはこれが日々ニュースになっていた。その淵源にあるのもこのときの論争である。このような状況を出現させないためには、議会が罷免権の一部に加わったほうがよさそうである。

もう一つは、出来上がったばかりの憲法を、誰がどのように解釈することができるのか、という憲法解釈の問題である。成文憲法は第3章でみたように多くの妥協の産物であったし、誰もが異論なく解釈できるものでは全くない。その際に重要になるのが、実践のなかで具体的に解釈し、運用することである。しかし、誰がどうやるのか。罷免権の問題はこの点についての見解の相違でもあった。なぜ議会、つまり立法権力が法解釈を行う権限を持っているのか、それは法律の専門家たる裁判所に与えられるべきではないか、そのような疑問も考えてみれば、納得のいくものである。

いずれにせよ、このようなかたちで連邦議会は手探りで政治権力の行使、ならびに議会とそれ以外の政治権力（特に大統領）との関係を定め始めた。これは一歩間違えるとすぐに権力抗争が激化し、内乱へと結びつく可能性もある、危険なものである。なんとか議会での論争を通じて、慎重な船出を果たした、とも言えよう。罷免権の問題も、最終的には大統領単独説で落ち着くことになった。

権利章典の作成

最後に、第一議会で最も大きなテーマの一つが、憲法修正である。修正第一条～一〇条が制定された。これは今でも存続するものであり、信教の自由、表現の自由、武器の保有権といった内容を持つ。

先述のように、これはマディソンの提案によるものである。彼の演説では「マジョリティによるマイノリティへの危険を防ぐ」ことが強調されたが、政治的な思惑もあった。これに対して多くの連邦議会議員はマディソンの提案に困惑したか、あるいはほとんど関心を持たなかった。課税や予算の問題など、人々の権利について考える前に解決すべき問題が議会には山積していたからである。これは、人々の権利を重視するその後の憲法史からすれば、意外なことでもある。

結局のところ、一七八九年八月に入って審議が重ねられ、その後各州の批准を経て、一七九一年に発効した。ここで、連邦最高裁の役割が人々の権利を守るものとして強調されたのは、連邦憲法制定会議などにおける裁判所軽視の風潮からしても興味深いことだった。

課税から逃亡する人々

このような第一議会の政治の結果、世の中では何が起きただろうか。新しい連邦国家の形成は、多くの人々に歓迎された。

だが、憲法に基づく課税権はさらなる問題を引き起こした。東部から西部へと移動することで、納税を拒否する人々が現れたのである。連邦国家に従おうとしない多くの自由な（そして多くは決して裕福ではない）人々の存在は、これ以降のアメリカ合衆国にとって悩みの種になり続けた。

東海岸の沿岸部の諸州だけをみていると気づきづらいことだが、一七八三年以降、内陸部では新たな国家形成も進んでいた。一七八四年にできたフランクリン国（州）はその一例だ。近隣のチェロキー族に暴力を行使しつつ生活を営んでいた彼らは、憲法も自ら制定し、税制度を確立し、チェロキー族と条約も締結した。そして連邦への加盟を申し出た。しかしノースカロライナ州がこの領土を自分たちのものであると主張し、拒否。フランクリン国は最終的に消滅し、のちにテネシー州の一部として一七九六年にアメリカ合衆国に加わることになる。

一七八〇年代から九〇年代にかけて、アメリカ合衆国という国家の形成が三つのレベルで同時に、複雑に絡み合いながら展開されていたことには注意が必要だ。つまり、連邦政府のレベル、既存の州のレベル、そして新しい国家／州（state は国家とも州とも訳せる）のレベルである。フランクリン国やケンタッキーや、北西部のオハイオといった場所は最後にあたる。今日の五〇の州から遡ってその歴史を考えたのでは見落とされてしまう、さまざまな「非承認国家」が存在していたのである。

しかも重要なことに、これらの地域に目を向けると、一七八三年のパリ条約によってアメリカ大陸は決して平和になったのではない、と私たちは気づかされる。もちろん、アメリカ合衆国の独立は認められ、ヨーロッパとの関係においては平和を取り戻した。しかしそれがかえって大量の人々の移動を促し、アメリカ西部では新たな暴力と殺戮の引き金になってしまった、という事実も近年の歴史学の進展によって明らかにされつつある。

この時期にケンタッキーやテネシーといった西部の地域に入植した者は一〇万人、うち一万五千人が奴隷と推測されている。このような大量の移住者をコントロールするすべを、脆弱な新生国家アメリカは持っていなかった。ゆえにこれ以降、連邦権力の強化と、それに対する西部での対抗は、数十年にわたってアメリカ合衆国のダイナミックな政治力学として機能することになった。

以上のように、一七八九年は、ワシントン政権と連邦議会とがスタートした記念すべき年である。しかし決して順風満帆なスタートとは言えず、議会の内外で徐々に対立が顕在化していく流れをもっていた。そしてその背景には、同年の大事件をきっかけとする国際関係の大きな変化もあった。七月一四日のバスティーユ監獄襲撃を契機とする、フランス革命である。新生アメリカ合衆国はいきなりヨーロッパの国際対立の荒波に、否応なく巻き込まれていくことになるのだった。

第5章　党派の始まり——一七八九〜一八〇〇年

フランス革命の衝撃

一七九一年のフィラデルフィア。ジェイムズ・ウィルソンは、当時の政治哲学を反映させた授業をしていた。一七八九年に連邦最高裁判事に着任した彼は、翌年から同時にカレッジ・オブ・フィラデルフィアで法律学を講じていた。その内容は、三権分立など連邦憲法によって作られた政治原理を反映しており、彼の死後の一八〇四年、『法講義』という題で刊行された。

だが、現実政治はウィルソンの議論のさらに先をいっていた。ワシントンによる「内閣」の形成である。前章でみたように、ワシントンは単一の執行権という状況でなお補佐役を必要とした。そのため、ワシントンは連邦最高裁判所にも自分への助言を要請した。ウィルソンら連邦最高裁判事はこの要請を、権力分立の観点から拒否した。あくまで裁判官の任務は司法権の行使に限定され、大統領に対する助言という執行権の行使は連邦憲法に定められた権力からの逸脱だ、というのがその理由だった。

このような大統領府と裁判所の分立ゆえ、ワシントンは結局、大統領府内に自分の右腕となる政治家を囲い込むことにした。だが、このワシントンの周囲で作られた政権こそ、その後長く続く政治的な党派対立を生むことになった。財務長官ハミルトン、副大統領アダムズらフェデラリストと、国務長官ジェファソン、マディソンらリパブリカンの形成である。その背景の一つには国際情勢をめぐる政治思想の対立があり、また国内政治において連邦権力をどれくらい強化すべきかという問題もあった。

前章の最後で述べたように、アメリカにおける党派形成のきっかけは、フランス革命に求められる。自由、平等、友愛の三色旗を掲げ、君主政や身分制の打倒を強烈にうたったこの大事件に対して、多くの政治思想家は否応なく賛成か反対かの声を上げなくてはならなかった。イギリスではエドマンド・バークが『フランス革命の省察』を一七九〇年に著してフランス革命を激しく非難すれば、アメリカを去っていたトマス・ペインは一七九一年に『人間の権利』というバークへの反論を書き上げ、ロンドンで出版した。

駐仏大使として一七八九年九月までパリにいたジェファソンは、フランス革命の大義に賛同の意を示した。そして、一七八八年までロンドンに駐英大使として滞在していたジョン・

アダムズが、自分とは反対に身分制を擁護していると理解するやいなや、ジェファソンはペインの『人間の権利』をフィラデルフィアの出版者に送付し、アダムズのような政治的異端に対して本書は有意義だろうと添え状で悪口を書いた。これを読んだ出版者は、『人間の権利』をアメリカで出版したうえ、あろうことかジェファソンの悪口をまえがきに公開してしまった。

激怒したのはアダムズである。こうして、パリとロンドンで母国のために奔走した二人の建国者は、袂《たもと》を分かつことになってしまった。これ自体はただのゴシップに過ぎないが、その背景にあったのは、フランス革命のような政治的大事件をどう評価するかという問題、そして小国アメリカが大国イギリスとフランスのどちらにつくかという現実政治の困難な選択だった。

政府権力の強化——農業から商業へ

それと同時並行で起きていた問題がもう一つある。連邦政府はどれくらい強大な権力を行使すべきかという問題だ。これについては、ワシントンが右腕として頼りにしたハミルトンの経済政策が最も広範な議論を引き起こした。

当時のアメリカの基盤産業は農業だった。これに対してハミルトンは商業化を推進する必要があると考えた。国家の経済発展は単なる農作物の生産だけではなく、商人階層が富の余剰を生み出すことによって実現する。このためにハミルトンが着目したのは、公債である。

一七九〇年一月、ハミルトンは公信用の確立を目指す法案を下院に提出した。その背景にあったのは、独立戦争中の巨額の公債発行である。その公債の返還と、さらなる公債発行に先立って公信用が存在していなくてはいけない、と言うのだ。そして、一七九一年二月には合衆国銀行を設立することでこれを実現させようとした。連邦国家をあげて単一の経済制度を打ち立てるというプロジェクトである。

ここでハミルトンが商業を重視したのは、何も彼の独創ではない。第2章で論じたように、アダム・スミスを筆頭に経済学の勃興はこの時期の特徴であり、交易によってお互いに人が利益をあげることができれば、血をともなう争いには至らず世の中は平和になる、という政治的な考え方に裏打ちされていた。

だが、公債の発行によって実体があるのかないのかわからないお金を産出することに対しては、嫌悪感もあった。それは過度の贅沢や倫理的な退廃につながるという警戒もあった。バブルに対する否定的感情を想起すればわかりやすいかもしれない。ちなみにバブルの語源になったともいわれる南海泡沫事件（South Sea Bubble）は、すでに一七二〇年にイングランドで起きている。

公債発行に反対する立場からは、商業国家をアメリカが目指すよりも、汗水流して大地を耕し、農作物を作り続けるべきだと考えられた。そのような地に足のついた考え方は、実際には多くを奴隷制に頼ったものだったものの、南部の多くの人々に支持された。そのうち最も有名なのがジェファソンである。

つまり、どのような国家を目指すのかという合衆国の将来ビジョンは、お金儲けによる繁栄か、文字通り地に足つけた耕作かといったように、どのような個人の生を肯定的に捉えるかという人生観とダイレクトに結びついていた。またそれは北部と南部という出身地域とも、そしてそれらの地域の利害とも多くの場合結びつく。したがって、簡単に合意できる問題ではなくなるのだ。

農業重視の考えを背景として合衆国銀行に反対する意見を提示したのは、マディソンである。その論拠は、憲法論に基づいていた。連邦政府が銀行を創設する権力を憲法は認めていない、というのである。憲法が議会に与えているのは、「必要かつ適切なすべての法律を制定する権限」というものだが、この「必要かつ適切な」ものに、合衆国銀行はあたらないと言うのだ。

この解釈論に対して、マサチューセッツ代表のゲリーが逐一反駁を加えた。面白いのは、ゲリーは連邦憲法制定会議の際、このような憲法の権力は不明瞭で危険だと反発していたにもかかわらず、ここでは憲法に基づいて連邦権力を拡大する方向で議論を展開していることである。連邦憲法を確固たる柱として、新国家を運営しているさまがよく表れていると言える。このように連邦権力拡大を支持する人々の後押しもあってハミルトンの政策は実行に移され、投機の促進や国内製造業の発展といった強力な経済システム構築につながっていくこととなった。

これと前後して一七九一年初頭、ワシントン政権は国内酒に対して税金を課すことにした。その目的は、戦時中の公債返還費と、公務運営のための費用の獲得である。国内酒への課税は、外国との輸出入に影響を与えず、万人に課せられないため反発も少なく、固定資産税はエリートの反発を招くから避けたい、という事情でとられた選択である。最終的にこれはウイスキーの蒸留者に課せられることとなった。消費者からとらないのも、政権の人気取りのためである。

このように連邦政府は、矢継ぎ早に積極的な財政政策を展開した。だが以上のようなハミルトンの強力な連邦政府形成を、ジェファソンは快く思わなかった。マディソンと接近し、さらにはマディソンの学友フィリップ・フルノーにナショナル・ガゼットという新聞を新たに創刊してもらい、ハミルトン批判の記事を掲載させ、反ハミルトンの政治的党派の形成に奔走した。これはかつての『フェデラリスト』の共著者同士、マディソンとハミルトンの仲も切り裂いた。ハミルトンはのちにマディソンとの対立を、単に政治的なものではなく、「原理と原理の戦い」だと捉えた。越えられない壁が認識されつつあった。

世論と新聞の発達

ハミルトンとマディソンの原理の違いとは何か。ハミルトンは、人々が多数派と少数派に分裂、抗争することを懸念し、政府のなかで安定した統治権力が築かれることを望んだ。それはイギリスの君主を模範とするような強い執行権力である。それがないと、人々の気まぐれな意志と利益追求によって合衆国は混乱してしまうと考えたのだった。

それに対してマディソンは、人民主権が「世論」というかたちで表れることをなにより重視した。それはただの投票の結果や気まぐれな意志といったものではなく、日々共同体のなかで理性的な対話や議論を通じて形成されるものだった。ハミルトンには世論のような声など、さして重要ではなかった。エリート風を吹かしたハミルトンにとって重要なのは少数の知的エリートの統治だったからである。このように、誰が統治の主体となるかという点をめぐるハミルトンとマディソンの対立が、二つの党派の形成に拍車をかけた。

マディソンが世論をこの時期に強調するようになった背景には、彼の定めた連邦憲法修正第一条の、出版の自由の存在がある。加えて、連邦という大きな領土における世論形成の役

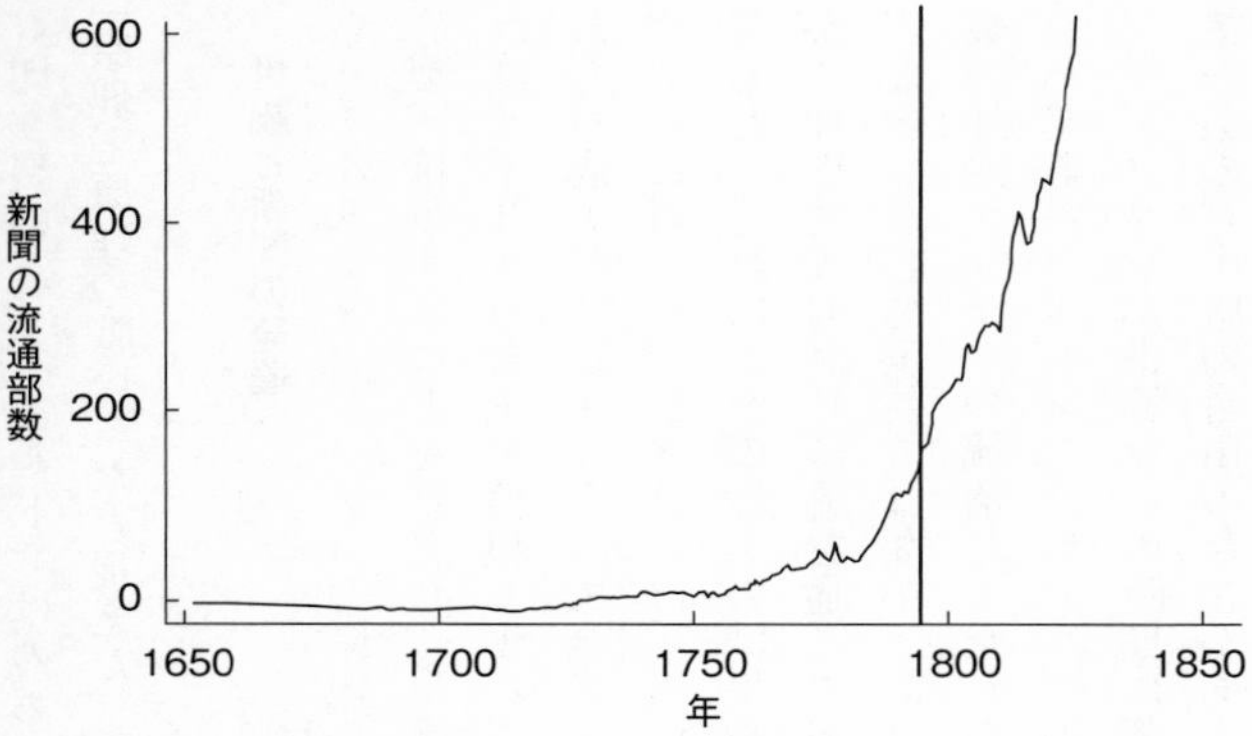

図5－1　新聞の流通部数

割として、新聞の流通ルートの拡大が大きな役割を果たしたことも見逃せない。一七九二年の郵便事業法が成立した際、有料の新聞に対してはすべて配達に補助金が出ることになった。合衆国人民に対して情報があまねく行き渡ることを意図したこの法律制定によって、それまでは東海岸の大都市を中心とした新聞の流通が内陸にまで拡大されると同時に、発行部数も増加の一途を辿った。

それは多くの政治的主体が声をあげ、主体的に政治に対して意見を持ち、従来とは異なる政治空間が生まれることを意味した。例えば、一七九〇年代半ばに書かれた戯曲「政治家たち」では、リパブリカン（マディソン側、世論重視）の「騒乱夫人」とフェデラリスト（ハミルトン側、エリート統治重視）の「暴力夫人」とが政治的に対抗し合う様子が描かれており、ここから女性が政治的に意見を述べ合うさまが世の中に十分浸透していたことがうかがえる。作家キャサリン・マリア・セジウィックはこの時代を、年齢、性別関係なしに政治的偏見が満ち満ちていた、とのちに回顧した。家庭は男性に女性が従属する場所だという従来の意識も、変わりつつあった。

このような新聞や世論の発達は、アメリカ合衆国におけるある一つの政治原理の肯定的な評価に寄与した。民主政（デモクラシー）である。

民主政が肯定的になる

民主政という私たちにとって馴染み深いこの概念が、合衆国建国当時、肯定的に捉えられていたわけではないことは、もっと強調されてもよい。もちろん、人々の自治といったような考え方がなかったわけではないが、それは「民主政」という言葉で理解されていたわけではは必ずしもなかった。民主政はあくまで政治体制の一つであり、多くの人々の政治参加はアナーキーに至るものとされ、否定的に捉えられた。マディソンが『フェデラリスト』一〇編で共和政と民主政とを対照的に捉え、共和政を称揚したのはその代表例である。

先述のペインの『人間の権利』は、一七九二年に続編の第二部が書かれるが、そこには民主政へのまなざしの変化がみられる。彼は、アメリカの政府を「民主政のうえに基礎づけられた代議制」と捉える。そこにはマディソンのように直接民主政を否定する視点はなく、あくまでアメリカの根っこにある政治形態は直接民主政であると言っているのである。

この前後、アメリカ国内では、フランス革命の大義を支持する協会が各地で結成されたことも見逃してはならない。これは、君主政や貴族政を過去のものとして否定的に評価し、それに代わって民主的な政治原理を訴える、人々の自発的な結社である。ワシントンの批判も辞さない急進的なものだった。

彼らは民主政を肯定的に捉えた。例えば一七九四年、ニューヨーク市の民主協会は声明を発表し、そのなかで自分たちを民主派だと名乗る。『フェデラリスト』の共和政／民主政の概念は誤りであり、両者は同義語であると論じながら。そして自分たちこそが「憲法の真の原理とアメリカ革命のもともとの意図」にのっとった存在だと力強く主張したのである。

こうして民主協会や民主共和協会といった名前を冠した結社運動が全米中に広がり、民主政という言葉遣いも少しずつ浸透していった。なおペインは、イギリスでは君主政への悪影響ゆえ、誹謗中傷文書を出したかどで政府に訴えられ、逃れた先のフランスではロベスピエールを挑発したため牢屋に長期間閉じ込められ、あわやギロチンにかけられる寸前だった。「友人たちは処刑され、私も同じ運命をたどると毎日思っていた」、とのちにサミュエル・アダムズへの手紙でペインは回顧している。なお時の駐仏大使G・モリスはペインに怨恨感情を抱いており、助命嘆願のための行動を何もとらなかった。

中立宣言と二つの党派の思惑

話を国際政治に戻すと、以上のような国内対立に二つの国際情勢の激化が流入し、党派政治はいっそう激化した。

一つは、フランス革命以降のフランス植民地における情勢の変化である。具体的には一七九一年、現在のハイチにあたるサンドマングの黒人奴隷蜂起である。サンドマングはアメリカと活発に交易を行っていた場所であり、アメリカ側が砂糖とコーヒーを輸入し、サンドマング側は食料を得る関係だった。以降、サンドマングの反乱はアメリカ外交の重要問題となっていく。

もう一つは、一七九三年一月二一日のルイ一六世の処刑だ。これ以降、イギリスやオーストリアらヨーロッパの各国はフランスに対して対仏大同盟を構築し、戦争へと突入した。二月にフランスが宣戦布告したとの報が四月にアメリカに届くと、ワシントンは中立を宣言した。

これは、独立戦争時に自らの財政悪化も辞さずにアメリカを支援してくれたフランスに対する裏切りとも、多くの人には思われた。しかもフランス革命は、民主政の大義を掲げるものであったため、心情的には当然フランスに対して味方をしたい、という市民が多かった。

だが、英仏の超大国のどちらかに加担することは、複雑な欧州情勢に巻き込まれることを意味する。それを避けるために、ワシントンはどちらからも距離をとるという選択をしたのだった。

だがここで、そもそもワシントンにそのような権限があるのか、という疑問が持ち上がった。連邦憲法では、大統領には外交権一般が、議会には交戦の権力がある、と定められている。だが、中立を宣言する権力については規定がない。そこでハミルトンは、外交権はその性質上執行権力であり、憲法に規定がないとしても、中立宣言も執行権の行使だから大統領が行うべきだと新聞で訴えた。だが、これを大統領の権力として認めると、外交関係についての大統領の権限拡大につながりかねない。これを懸念したジェファソンが、マディソンに命じて反論の筆をとらせた。

マディソンの議論は、中立宣言は、実質的に議会が開戦を決定する権限を侵害しているのだから、大統領の権限として認められない、というものである。たしかに、中立だというのは開戦しませんと言うに等しいのだから、議会権限の侵害にもうつる。さらにマディソンは、ハミルトンが「条約締結権は本性上執行権とも立法権とも言いがたい」と書いた『フェデラリスト』七五編を引用し、ハミルトンだって五年前は別のこと言っていたじゃないか、と反撃する。新たな憲法解釈を政治的動機から導入するのは憲法違反だと言わんばかりの反論である。

だがこの議論もむなしく、ハミルトンの広範な憲法解釈が認められることとなり、列挙されていない外交的権力は大統領に残されていると考えられたため、中立宣言は認められた。しかしここでもイギリスを支援したいフェデラリスト（ハミルトン側）と、フランスを支援したいリパブリカン（マディソン側）という二つの党派の思惑は明らかだった。

しかも、中立を宣言したからといって、おいそれとフランスとイギリスがそれに従ったわけではない。むしろその逆である。

一七九三年三月に駐米フランス大使として着任したエドモン＝シャルル・ジュネは、市民の熱狂に迎えられたこともあり、積極的にアメリカ国内のフランス支持の空気を作り出そうとした。プロパガンダをばらまくと同時に実力行使にも出た。アメリカ人の船員を雇って私《し》掠船《りゃくせん》を沿岸で組織し、イギリスの船を襲わせたのである。

ジュネのこのような行動はアメリカの領土内の行動であるため当然問題視され、親仏派のジェファソンが説得を試みた。これに対してジュネは、一七七八年の仏米間の条約は依然有効であるから、フランスが武力をアメリカ国内で行使できると主張して、一歩も引かなかった。

説得は失敗し、最終的にワシントンがジュネをフランス本国に帰還させるよう、フランスに訴え出た。フランス国内の情勢はこの頃変化しており、ジュネの属するジロンド派はジャコバン派によって壊滅せられつつあった。身の危険を感じたジュネは帰国を拒否すると同時にアメリカに帰化し、一件落着となった。なおこの事件も含め、政権のフランスへの対応を疑問視したジェファソンは、一七九三年の年末に、国務長官を辞任した。

対英強硬論とジェイ条約

このようにフランスが中立に反発するのと同様に、イギリスもまたアメリカの中立に不満を覚えた。イギリスは相変わらずフランスと通商を行うアメリカを、自国の敵として認識した。そして一七九三年一一月以降、カリブ海のフランス領植民地と往来するアメリカ船を片端から拿捕《だほ》するという手段に打って出た。その数は二五〇隻以上と言われている。また一七九四年三月には英領カナダからアメリカ北西部のオハイオへも侵入し、先住民に武器を与え、アメリカの入植者を襲わせて、その西部開拓を防いだ。自国の毛皮交易の利潤を確保するためである。

同時に、このようなイギリスの対米政策は、新生国家アメリカを弱体化させ、惨めな思いを味わわせることで、自国に復帰させるための策略だったと考えられている。先述のように、合衆国連邦政府の政策を快く思わないアメリカ人は、納税を拒否して西部へと移住していた。

彼らに手を差し伸べようとしたのが、イギリスだ。一七九一年に国制を再編したカナダ植民地は、あえて税金を低額に抑え、重税にあえぐアメリカ国民相手にアピールした。そうしてカナダの人口を増大させ、経済発展を試み、その結果としてアメリカのイギリス帝国への復帰を目論んでいたのだ。だからこそ、アメリカ合衆国に対しては嫌がらせのようにダメージを与え、発展を妨害しようと尽力した。

このイギリスの行動は当然、アメリカからすれば抗議対象になり、世論では対英強硬論を主張する者も出た。だが軍事力の差は明白であり、アメリカはおいそれと反発できなかった。そこで、特使としてジョン・ジェイが一七九四年四月にロンドンに派遣され、一一月に英米間の条約（ジェイ条約と呼ばれる）が締結されるに至った。アメリカの北西部の領土が確定され、英軍が撤退することとなった。イギリスはその代わり、アメリカからの輸入品の関税を自由に課すことができるようにしつつ、アメリカ側が課す関税については一二年のあいだ制限を加えた。この間、オハイオの先住民軍をアメリカが破ったこと、ヨーロッパの対フランス情勢がイギリスにとって芳《かんば》しくなかったことから、ジェイは可能な限りの譲歩を大国イギリスから引き出したとも評価されうる。

だが国内では抗議の声が吹き荒れた。独立戦争時の敵であるイギリスに対する負の感情はいまだ冷めやらず、今また通商上不利な条約を締結することに対して、ジェイやワシントンを非難する声が世間では大きくなった。連邦上院での可決を経て条約が発効した一七九六年二月のすぐあとに、連邦下院はジェイ条約が違憲だと批判することとなった。

条約締結権については「大統領は、上院の助言と承認を得て、条約を締結する権限を有する」と憲法に定められており、連邦下院は一見無関係にうつる。しかし通商ならびに課税の決定権限は立法権の範囲であり、条約の決定内容に従って連邦下院が新たなルールを作らなくてはいけない状況はおかしいのではないか、との疑問が持ち上がった。

そこで連邦下院では、リパブリカンのなかでも強硬派のエドワード・リヴィングストンが政権に対して、ジェイ条約の締結過程がわかる外交文書を公開してほしいと要求した。連邦下院は合衆国人民の代表であるから、その立法権はひいては合衆国人民の権限であり、意志である、との政治観がその根っこにはあった。政治家の説明責任を求める感覚だ。

これを政権は危険なものとして拒否するが、大統領が立法権を実際上もつのは違憲だとの非難はなお続いた。世論の高まりを背景に、連邦下院こそ人民の意志を反映する場所なのだから、条約締結の権力を下院が持たないのはおかしい、との主張も強まった。これに対してフェデラリスト側は、憲法こそが人民の意志であるとして、憲法の至高性を根拠に反発を抑えた。面白いのは、できたばかりの連邦憲法が、政争のなかでその地位を高めていくという流れである。わずか九年前の制定当時はほとんどの会議参加者が失敗作だと思っていた連邦憲法は、こうして聖典としての至高性を高めていった。

国内の反発がこれほど大きかったジェイ条約だが、まさに対等な国家間の条約という形式であることで、アメリカにとって大きな前進となった側面も見逃せない。大国であるイギリスがアメリカを対等な存在としてみなした、というシグナルになったのである。

この結果スペインも、イギリスとアメリカが接近することを恐れ、一七九五年にアメリカに宥和《ゆうわ》的な条約を結び、ミシシッピ川の航行権の独占を放棄した。スペインもイギリス同様、自分たちの植民地に多くのアメリカ人をミシシッピ川沿いから受け入れ、アメリカの体力を削ろうと試みていたが、結果的にうまくいかなかった。アメリカ西部においても、アメリカはイギリスとスペインという大国相手にしのぎを削っていたのだ。

ウイスキー反乱

以上のような対外関係の悪化と同時並行で、国内政治の混沌がワシントン政権への反発をいっそう強めた。それは先述のウイスキーへの課税に端を発する。農民に大損害を与えたのである。

ウイスキーの蒸留者への課税が農民に損害を与えたのは、当時の交通事情、貨幣事情による。沿岸部から遠い地域、例えばヴァージニアの西部、ケンタッキー、ノースカロライナ、ペンシルヴェニア西部といった場所では、海港への麦やとうもろこしの運搬は、長時間に及ぶうえ道路事情も悪く、困難だった。当然コスパは悪い。そこで内陸部の農民たちは収益をあげるためにウイスキーを生産したのだった。しかも場所によっては貨幣の代わりにウイスキーを代用するところすらあった。ゆえに、ウイスキーへの課税が、結果的に農作物の運搬費も十分にまかなえない貧しい農民たちを直撃することになった。代替策としては、ミシシッピ川の水運を利用するルートもありえたが、先述のように一七九五年以前はスペインが航行権を独占していたことから不可能であり、これも連邦政府への反発を強めた。ケンタッキーでは納税を拒否して抵抗する者も現れたが、邦の裁判所は彼らを裁こうとせず、同調した。

ワシントンやハミルトンは、ケンタッキーに対して強硬手段に訴えることは避けたかった。ヴァージニアから分離したケンタッキーは一七九二年六月に一五番目の州としてアメリカ合衆国に加わることになるが、連邦政府との対立が激化すれば、スペインやフランスと手を結ぶ危険もあったからである。同時期のフランスやイギリスとの関係を考えれば、それが大問題になることは容易に想像可能だろう。したがってしばらくは様子見をはかるしかなかった。

このような日和見《ひよりみ》の態度を連邦政府が続けたのち、新たな徴税のために締め付けを強化したことで、いっそう諸地域の農民の抵抗は加速した。一七九四年三月以降、ペンシルヴェニア西部では民主共和協会の運動も相まって、ワシントン政権への反発が強まり、徴税人への納税拒否、暴行沙汰が頻発した。七月にはピッツバーグ付近にあった、連邦徴税官ジョン・ネヴィル将軍の自宅を武装した農民数百名が包囲して銃弾戦となり、邸宅を焼き払った。他方、武装農民を指揮したジェイムズ・マクファーレンも戦死した。

この行動に対してワシントンはハミルトンを指揮官に民兵軍一万名以上を投入することで、ほぼ無血で反乱軍を解散させた。首謀者も恩赦によって無罪放免とし、自分への批判を回避した。かくして反乱は最低限の犠牲で終了を迎えた。ハミルトンはこの反乱の裏で民主共和協会が糸を引いているに違いないと新聞記事で糾弾。他方、政権に反発するペンシルヴェニアのウィリアム・フィンドレーは、ハミルトンが軍隊投入を正当化するために反乱をわざと引き起こさせた、と主張した。いずれも確証はない。党派対立の劣化には、陰謀論がつきものなのかもしれない。

なおハミルトンは、一七九五年一月に財務長官を辞任したが、この後もほかのフェデラリスト政治家たちを中心に、影響力を行使することになる。

ワシントンの退任とアダムズ政権

ハミルトンに遅れること二年弱、一七九六年一一月、ワシントンも二期八年を節目に大統領を辞すことを表明。以降、大統領が二期八年を越えて務めないことは、慣例となった。彼の離任の声明も、新聞紙に掲載され、世論の醸成をねらっていた。そこで説かれたのは、北部と南部、大西洋岸と西部といった地域別の党派によって合衆国が分裂してはならず、それを防ぐために共通の利益を守ることのできる連邦憲法を採択したのではないか、ということだった。こうして故郷ヴァージニアに戻ったワシントンは、一七九九年に亡くなった。

後任の大統領選ではジョン・アダムズがジェファソンを抑え、第二代の大統領に就任した。アダムズ政権下では、ジェイ条約によって悪化したフランスとの関係が問題となった。フランスはアメリカがイギリスと距離を縮めたことに反発し、私掠船によってアメリカ商船の拿捕を始めた。アメリカは海軍の強化によって対抗した。二年間に及ぶこの戦いは、公的な戦争とは必ずしも言えないため、擬似戦争と呼ばれている。

フランスとの関係の悪化は、国内におけるフランス人への排外主義的な態度と連動した。フェデラリストは対仏感情の悪化を背景として、いわゆる「外国人・治安諸法」と呼ばれるいくつかの法律を制定した。この結果、民主共和協会の新聞を発行するジャーナリストが治安の悪化を促しているとして、逮捕される事件が相次いだ。これに対してリパブリカンの側はマディソンを中心として、連邦と州の関係を問い直すことで対抗した。「外国人・治安諸法」を念頭に置いて、連邦の制定した法律が連邦憲法に反する場合、州は拒否できるという反論である。ケンタッキーやヴァージニアではこうしてフェデラリストを批判する決議が登場した。

このようにしてフランスとアメリカとは緊張関係が続いたが、フランス国内でブリュメール一八日のクーデターが一七九九年に起き、ナポレオンが政治権力を掌握すると風向きは変わった。北中米におけるフランスの勢力を拡大したい彼はアメリカとの協力を望んだため、一八〇〇年に条約が締結されることとなった。

以上のようにアダムズ政権はイギリスに近い立場のフェデラリストによって運営されていたため、フランスとの緊張関係を強いられたわけだが、続くジェファソン政権が誕生すると状況は変化することになる。

激化する先住民との対立

ヨーロッパの強国の論理に翻弄されつつ、アメリカは弱小国家としてスタートした。だがそれは同時に、内なる他者の隷属化でもあった。先住民問題の激化である。

もともとアメリカ合衆国にとって先住民は、国内のマイノリティではなく、対等な外交相手だった。独立を果たしたのち、ワシントン政権はまず、先住民との対立関係をどのように処理するかを重視した。ワシントンは、新たな戦争を望まなかった。イギリスとの過酷な戦争ののち、すぐさま一万人を超える先住民軍と一戦交えるのは明らかに無理だったからだ。

ワシントン政権はまず一七八七年の北西部条例を背景に、土地法を活用した。これは入植者の新たな土地所有を厳格に制限し、公的な土地として管理するものである。これによって入植者が土地を得られなくすることで、南部、西部に進出するインセンティヴを削ぎ、無用な抗争の発生を防ぐねらいである。さらに新たな土地は連邦政府が収用することで、重要な財源とすることにもつながった。

一七九〇年にはインディアンとの交易ならびに通商の法を制定した。これも、連邦政府のみが先住民部族と条約や土地購入の交渉相手になると先住民に知らせるためのしくみだった。これ以外の、つまり州や私的な入植会社は条約の形成主体ではない、と知らしめたのである。

しかし、当時まだ州になっていない地域（特に北西部のオハイオやケンタッキー）にやってきた人々は、東部諸州での課税に反発し、税金を踏み倒すために逃げてきた人たちだ。おいそれと連邦政府の意向に従うような、やわな者たちではない。当然連邦政府に対する反発が強まり、先住民部族や他国の商人たちも巻き込んだ闘争へと発展した。

この結果、連邦政府の懐柔政策は失敗に終わった。先住民にとっても、連邦政府の政策は到底受け入れられなかった。ヘンリー・ノックスらが主導した連邦政府の先住民政策は、未開の先住民が抵抗を諦めて白人のように文明化すればよい、というもので、征服と虐殺を目指すよりは穏当だったものの、やはり苛烈なものだったからだ。加えて、連邦政府による制限に対して強い反発を持つ入植者や州政府も少なくなく、結果的には彼らの先導によって多くの先住民部族と合衆国とが戦闘状態に突入することになる。

南部のジョージア州と接するところでは、マスコギー（クリーク）族の長アレグザンダー・マッギリヴレイ（Alexander McGillivray, 1750-1793）が合衆国との関係構築に尽力した。王党派のスコットランド系アメリカ人を父に、マスコギー族の族長の娘を母に持つ彼は、一七八〇年代からスペインの援助を後ろ盾に、ジョージア州の白人たちと抗争を続けた。一七九〇年に彼はニューヨークに招かれ、ワシントンと条約を締結した。それによって、先住民の土地所有が認められた。彼は給金を得て、プランテーションと黒人奴隷を購入した。他方、ワシントンの宥和的な対応に激怒したジョージア州は、連邦政府の意に背いて抗争を継続した。

オハイオ地域では、より戦闘は大々的だった。ジェイ条約のところで述べたよ

図５－２　南部の勢力図

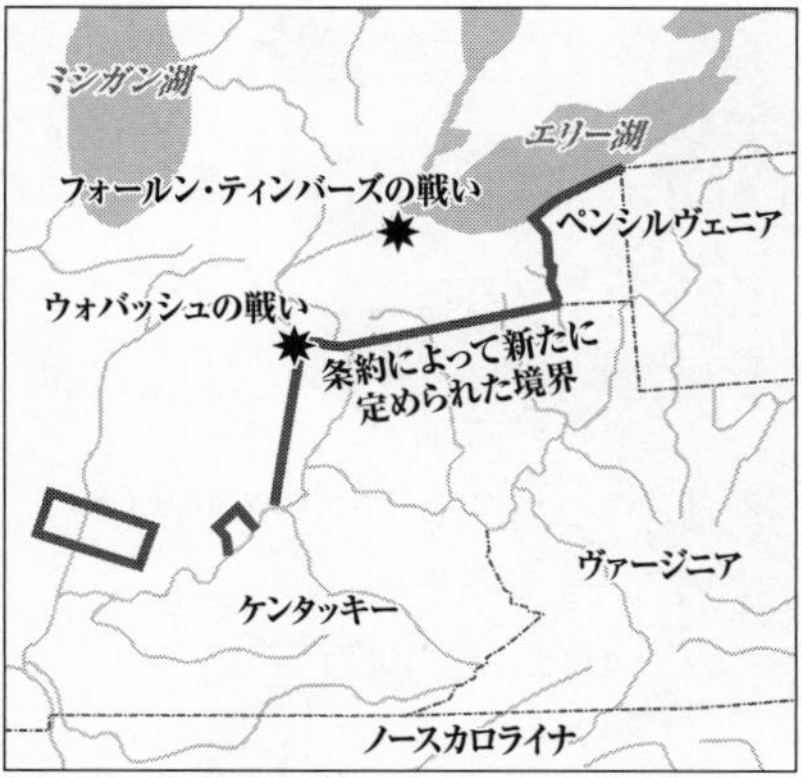

図5－3　グリーンヴィル条約による先住民の土地割譲

うに、北西部の先住民は、イギリスから武器などの援助を受けており、それを背景に合衆国と互角にわたりあった。かたやアメリカ合衆国は、北西部領土の知事に就任したアーサー・セントクレア（Arthur St. Clair, 1737-1818）に、先住民部族への「監督（superintendent）」の義務を課した。これはかつてイギリスが行っていた先住民政策の継承である。こうしてセントクレアは白人による土地所有を先住民に要求したが、当然反発を買った。断続的に戦闘が起きていたこともあって、合衆国は南部に比べて数十倍の戦力を北西部に投入していたが、それでも一七九〇年にショーニー族、マイアミ族先住民連合軍に敗北を喫すると、翌九一年にはセントクレア率いる合衆国の軍隊はウォバッシュの戦いでも敗れ、六〇〇人以上の兵士、女性、子どもが殺害された。

その後、戦況が変化したのは、ジェイ条約直前の一七九四年八月である。イギリス軍のマイアミ砦を拠点にした先住民の部族連合が合衆国軍とフォールン・ティンバーズで戦闘を繰り広げるも敗北したことで、力関係は変化した。同年一一月のジェイ条約によってイギリス軍の撤退が定められると、先住民は巨大な後ろ盾を失い、翌一七九五年に合衆国の土地所有を認めるグリーンヴィル条約を締結した。

このように南部と北西部で合衆国の先住民に対する権限がある程度安定して確立されると、一七九六年に、連邦政府は六年前の、交易ならびに通商の法をアップデートし、先住民との境界線を画定した。これは、それ以降の先住民の排斥と西部開拓の礎石になったもの、と考えられる。

以上のような抗争は一七九六年以降も続いていく（第6章）が、大きな流れは、彼らを永続的なマイノリティとして国内に押し込めていくというものだ。このような先住民の「内なる他者としての隷属化」を押し進めたのは、公的な主体だけでは決してなく、むしろ利益を求める民間の商人たちだった。軍隊と、会社、そして多くの入植者たちが手を取り合ったり相互に対立したりしながらも、結果的には先住民の排斥への道筋を作ってしまった。このようにしてアメリカ合衆国は、「帝国（empire）」としての道を歩んでいく。

初期の合衆国は弱かったのか？

近年の建国期研究では、このような北アメリカ大陸における合衆国の動向を、帝国と呼んで理解する傾向が有力である。Empire はもともとラテン語で命令権や至上権を意味する imperium の訳語としても用いられたため、国家や主権とも翻訳可能であり、のちの帝国主義（imperialism）のような強い含意を持たせるべきかには議論の余地がある。とはいえ、先住民や奴隷にされた人々への振る舞いを肯定的に評価するのは、どうがんばっても難しい。

このような研究の展開は、従来のアメリカ国家論を覆すものである。今までアメリカ合衆国とアメリカ人に対するイメージとしてよくあったのは、連邦国家は弱く、人々は自分の自由を守るために自分を恃《たの》む、というものである。西部開拓はその例である。のちの時代の西部劇を思い浮かべれば、国家権力は弱く、法律は浸透せず、人々は自分で自分の身を守っていた、といったイメージが容易にわかるだろう。

だがこのようなイメージ自体、二〇世紀の冷戦構造のなかで作られたものかもしれない。自由の国アメリカ、強大な国家権力を否定し、自由をなによりも大事にするアメリカ人、という冷戦イデオロギーが合衆国初期の国家像に逆流していた可能性も大いにありそうだ。『駅馬車』や『シェーン』といった古典的名作映画において繰り返し再生産されてきた、「白人男性の自由」という固定観念をとっぱらってアメリカ建国を捉え直したとき、そこで明らかになってくるのは国家一丸となって、先住民に対して強硬な迫害を推進した、アメリカ帝国の実像なのかもしれない。

しかし合衆国初期のアメリカが帝国であるとの新たな理解は、新たな外交関係理解にもつながるものである。それが、一八〇四年に独立しハイチとなる、サンドマングとの外交関係である。一七九一年以降スペインの介入もあって混沌を極めていた情勢のなか、サンドマングの革命政府を代表して外交に奔走していたジョセフ・ビュネルは一七九八年末、国務長官ティモシー・ピカリングに接近した。その後アダムズ大統領も反乱に理解を示し、フランスとの擬似戦争中だったことから、フランスからの独立を目指すハイチに経済的、軍事的支援を約束した。この人種を超えた同盟関係の構築は、アメリカがすでに大国であるとうつっていたからこそ、理解可能となるものである。一九世紀になるとスペインからの独立を目指す人々がアメリカ合衆国をモデルとし、頼みにするようになるのもその証左だ。

このようにアメリカを帝国と理解することは、アメリカ革命とフランス革命という大西洋を跨《また》いだ二つの革命を理解の中心に置く従来の近代史理解を相対化することにつながる。もちろん、両革命の相互交流こそが民主化のきっかけとなり、ひいては近代を形作ったとの見解も間違いではないが、白人エリートの役割を強調しすぎではないかと、最近では疑問視される傾向が強い。イギリスからのアメリカの独立という出来事だけを強調して捉えるのではなく、より長期的な視野で一八世紀後半から一九世紀前半を眺めると、実は独立後のアメリカがやっていたことはイギリスの帝国政策の再来にすぎず、両者が一貫した潮流だとする理解も有力なのだ。

このような英米の白人エリートの帝国政策に対して、カリブの島々での革命実践の影響を強調する研究も増加している。奴隷という身分をどうやって取り去ろうとしたかという面に着眼した研究も増えている。それは南部だけにとどまらず、アメリカの北部とも関係がある。例えばニューヨーク州オルバニーで行われていた黒人女性たちのピンクスター祭も、ハイチにおける革命と連動して生まれたと理解されている。このお祭りは、既存の髪型への抵抗を通して、黒人奴隷に課された固定的な社会規範、隷従性からの解放を企図したと言われている。

大文字の政治的な自由ばかりではなく、黒人女性たちの日々の振る舞いが新たな自由の思想、実践につながる。これも建国初期のアメリカ大陸でよくみられたことである。例えばまだ当時スペイン領だったニューオーリンズでは、フランス植民地だった頃からの、自由を求める歴史が連綿と存在した。たとえ奴隷身分から解放されたとしても、黒人女性たちは、厳しい社会コードのなかで髪型や服装や一つ一つの所作を制限されていた。そのなかでも彼女らは、踊りや食事会、違法な市場への積極的な参加といった行動をし続けることで、自由の規範を自ら作り上げていったのだ。

近年の政治哲学では、共和的自由、つまり支配されてないという意味で自由を定義する傾向があるが、このような建国史の周縁からの一断面は、翻って隷従の側から自由を問い直すきっかけにもなるだろう。

第6章　帝国化と民主化の拡大——一八〇〇～一八四八年

アメリカ革命の登場人物には、光を今なお放つ者もいれば、影のなかで忘れられていった者もいる。フェデラリストのリーダー格だったハミルトンは一八〇四年、アーロン・バーとの決闘に敗れ、地に斃《たお》れた。享年四九。西インド諸島に生まれ、女性関係のもつれをきっかけとしてこの世を去った彼の人生は、さながら大河ドラマの主人公のような劇的なものだった。

これに比べれば、一八一一年の決闘によるフェデラリストの死は、さほど知られていない。アバイジャ・ハントは、ミシシッピ準州（州に昇格するのは一八一七年のことである）で、地域を代表する民主共和派（一七九〇年代のリパブリカンは徐々にこう呼ばれるようになっていた）の政治家、ジョージ・ポインデクスターとの決闘に敗れ亡くなった。ハミルトンがこの時期のアメリカ史の表舞台なら、ハントの人生は裏舞台だ。オハイオやミシシッピといった東海岸の都市から遠く離れた辺境を、軍隊に武器や奴隷を売ったりしながら渡り歩いていたのだから。だがこの時代、新生国家アメリカの拡大を支えたのは、まさにハントのような、軍隊に物資を供給する商人だった。

一八〇〇年は、アメリカ史の転換点である。ヴァージニアでガブリエルの反乱が失敗に終わり、奴隷の状況は悪化した。第三代大統領にジェファソンが選出され、その後、マディソン、モンローと、ヴァージニアの政治家が二期ずつ大統領を務めた。一八二五年までの二四年間に及ぶ政権である。その間、北部のフェデラリストは瓦解を続けた。ハミルトンはすでに亡く、ジョン・アダムズの政治的影響力は限られたものであり、彼の息子ジョン・クインジー・アダムズ（John Quincy Adams, 1767-1848）までもが民主共和派に寝返った。

戦争と民主政

ここでざっとこの時代の見取り図を示しておこう。南北戦争までの時代にアメリカで何が起きていたのか、あまり知られていないだろうからである。世界史の授業でも教わることはあまり多くなかったはずだ。

ジェファソン政権（一八〇一～〇九）は、新たな共和国の拡大につとめた。フランスから莫大な領土を新たに購入すると、道路や運河の開発を行い、インフラを整備した。一八〇七年にロバート・フルトンによって蒸気船が発明されたのも、アメリカ人の移動を後押しした。続くマディソン政権（一八〇九～一七）では、イギリスと再び戦争が起きた。一八一二年から一五年まで行われたこの戦争は痛み分けに終わったが、アメリカ側はイギリスと対等の関係に立つことで自信を得た。

その次のモンロー政権（一八一七～二五）の時代には、スペインや先住民を巻き込んでセミノール戦争と呼ばれる戦争を行うと、フロリダを買収した。この頃には、ジェファソン政権から続く西方拡大によって、連邦政治のバランスも変化しており、かつての北部と南部の対立に加えて、西部のタカ派の政治家たちも台頭した。その代表格が、一八一二年戦争で名をあげたアンドルー・ジャクソン（Andrew Jackson, 1767-1845）である。

図６－１　アンドルー・ジャクソン

一八二〇年代にはまず、北部と南部の対立に緊張が走った。その妥協案として、ミズーリ協定が結ばれた。これによって奴隷制をめぐる論争に一定の終息がみられたが、他方ではのちの南北戦争に至る伏線となった。また外交面では、一八二三年、それ以降の外交姿勢となるモンロー・ドクトリン（後述）が提示された。

一八二四年以降、徐々に民主共和派の凝集性も弱まり、一八二五～二九年のアダムズ政権ののち、ジャクソンが第七代大統領に就任。選挙権の大幅な拡大を背景に、ジャクソニアン・デモクラシーと呼ばれる民主政治の発展をもたらしたとされる。ジャクソンは一八三七年まで大統領を務めた。この間、大統領選の勝利を目的に民主党が結党されると、ジャクソンに反発する側もウィッグと呼ばれる政党を結成した。のちに共和党にとって代わられるが、今日のアメリカの二大政党制もここらへんに源流がある。

この時代の大きな流れとしてまず押さえておくべきは、アメリカの「帝国」化と民主政の進展とが、同じ事象の表裏として展開されることである。前者の背景にあったのは、ヨーロッパ列強との確執が解消されていき、合衆国が連邦国家としての地位を国際的に確立していくことだ。ヨーロッパ列強とはフランス、イギリス、スペインである。これらの国々はこの頃、複雑な対立状況に置かれており、アメリカもそれに対応せざるをえなかった。つまり、ナポレオンの台頭によって、イギリスを除くヨーロッパ各国をフランスが攻め落としていく、という展開である。まず、フランスとの関係からみていこう。

フランスからルイジアナを購入

アメリカは、一七九八年から擬似戦争に突入し、関係が悪化していたフランスと、一八〇三年にルイジアナ購入と呼ばれる領土の売買を行った。これは、一八〇〇年にスペインからその地を譲り受けたナポレオンから、さらに合衆国がその領土のほとんどを獲得したものである。ナポレオンはニューオーリンズをサンドマング（現在のハイチ）の独立運動鎮圧の拠点とし、義弟シャルル・ルクレールを戦線に投入した。

一八〇二年三月から〇三年の五月までフランスはイギリスとつかの間の和平状態にあったため兵力を割く余裕もあり、ルクレールは卓越した指導者トゥサン・ルーヴェルチュールの捕縛に成功した。しかしルクレール自身も感染症で病死し、植民地の独立が避けられなくなった。このためナポレオンにとっても北アメリカに拠点を持つ意味が減退した。

そこに目をつけたのがジェファソンである。アメリカがイギリスに接近しているかのようなブラフをみせながら、ナポレオンに対してニューオーリンズ売却を持ちかけた。それならばとナポレオンも、ニューオーリンズのみならず、北アメリカ大陸のフランス領ルイジアナを想定外の高額ですべて売却すると吹っ掛けた。フランス大使ロバート・リヴィングストンと特使のモンローはこの条件を呑んだ。一八〇三年四月のこの出来事で、フランスは北アメリカ大陸への影響力をほぼ喪失し、逆にアメリカ合衆国の領土はまたしても一挙に二倍に増えた。同月、ルーヴェルチュールは悲願の独立達成をみることなく、フランス本国で獄死し

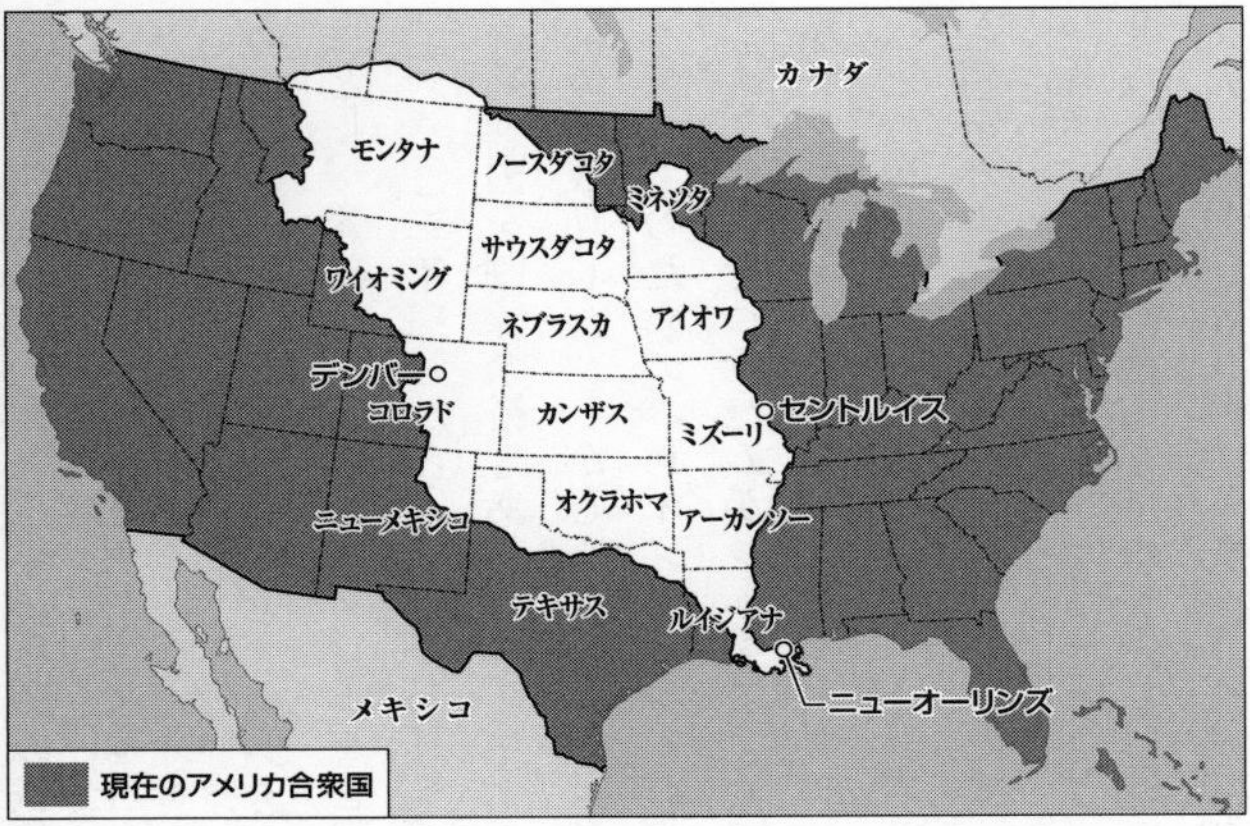

図6－2　ルイジアナ購入によって得た領土

た。

しかしこの領土拡大は火種をなお残した。もともとスペインの土地だったため、どこまでアメリカがフランスから買ったのか実はよくわからなかったのである。具体的にはフロリダの領有権が争いとなった。ジェファソンはスペインに割譲を要求するも、拒否された。

ところが欧州情勢は複雑怪奇である。一八〇八年にナポレオンがスペインに勝利し、兄をスペイン国王の座につけたため、スペイン領フロリダにとっては本国が消滅してしまった。そのため、メキシコ（今日のカリフォルニアやテキサスも含む）やフロリダでは反仏の独立運動が盛んとなった。アメリカはこの状況の転換に対して、一方では反仏の独立運動を支援しつつ、他方で自らがその領土の獲得を目指す、という二重の思惑に駆られた。後者は中央の政治家がというよりも、フロリダの人々の暴走の面もあった。

一八一〇年九月、スペインに愛着を抱く住民が武装蜂起し、西フロリダ共和国と呼ばれる独立国家が生まれた。現地住民はアメリカの保護を求めた。独立国家がスペインやイギリスの手に落ちるのを恐れたマディソンは、併合宣言を発した。

一八一二年戦争

ナポレオン率いるフランスの破竹の快進撃に最大の歯止めとなったのは、宿命のライバル、イギリスである。一八〇五年にトラファルガーの海戦で、ネルソン提督がフランス海軍を打ち破った出来事をご存じの方もいるだろう。このような英仏の対立に、アメリカは一七九〇年代に引き続き対応せざるをえなくなった。両国とも、アメリカに敵国（英にとっての仏、仏にとっての英）との貿易停止を要求してきたのである。しかしアメリカにとっては両国ともに主要な交易相手であり、自国の経済にダメージを与えたくない。

一八〇五年にはイギリス海軍がアメリカ船舶を拿捕し始めた。英軍の主張は、英海軍の徴兵逃れのためにイギリス人がアメリカ人になりすましてアメリカ船に乗り込んでいるから、それを摘発するというものだった。さらにイギリスは国籍について出生した場所を重視したため、「イギリスに生まれたものはイギリス国籍を放棄できないので、軍隊に強制徴用できる」という見解をとっていた。そのため、独立後のアメリカ人たちも依然として英軍への徴用の適用範囲にあるという、今日の直観からは信じがたい論理をとっていた。一八〇七年六月には、アメリカ軍艦チェサピーク号がヴァージニアの沖合でイギリス海軍の停止命令を無視したところ砲撃を受け、四人の乗組員が捕らえられるという事件が起きた。このうち一人がイギリス人だったが三人はアメリカ人だった。

この事件にアメリカ国民は激怒し、反英感情を高まらせた。開戦を求める声もあったが、そのなかでまずジェファソン政権は商船の出港禁止令を出し、イギリスへの輸出を禁じた。経済制裁である。ところがこれは正反対の成果を生んでしまった。イギリスが他の地域からの輸入によって経済的損害を生まずにすんだのにひきかえ、アメリカの、特に北部はイギリスとの交易断絶によってダメージを負った。

このようにして徐々にイギリスと関係が悪化していった。その結果、ジェファソンの次の大統領であるマディソンが、一八一二年六月に開戦を宣言した。その年号をとって、一八一二年戦争と呼ばれる。イギリスは依然としてフランスとの戦争の只中《ただなか》であるから、戦力を割く余裕はさほどないだろう。こう考えたマディソンは、楽観的な見通しだった。しかしそれは、ナポレオンとの戦争のため、独立戦争時の三倍にまで軍隊を増強していた「大英帝国」

を甘く見すぎていた。

この戦争は、アメリカ合衆国内陸部の辺境を主な舞台とした。第5章でみたように、イギリスはアメリカに反発する先住民に対して武器などの支援を行っていた。その理由の一つに、一七八三年のパリ条約以降もイギリスが一貫してアメリカ植民地の自国復帰を画策していたことがあげられる。

国境や国籍がある程度定まった今日の感覚からすると想像しづらいかもしれないが、独立後の英米の人々のアイデンティティはとても曖昧だった。英本国に生まれたがアメリカに移住したアメリカ人、アメリカ植民地に生まれ独立後もイギリス人を名乗る者、国籍を持たぬ個人としてどちらにも愛着を持つ者。だが、曖昧なアイデンティティは戦争によって引き裂かれた。友と敵とに別れねばならなかったからだ。

このため一八一二年戦争は、直接的には英米の戦争だが、いくつかの重層的な対立を含んでいた。まず、カナダをめぐる、イギリスに愛着を持つ王党派とアメリカ人の対立。次に、フェデラリストと民主共和派（もとリパブリカン）の対立。最後に、先住民部族間の対立である。

英植民地のカナダからすれば、宣戦布告したアメリカ軍が攻め込んでくるのだから、これは防衛戦争である。一〇年以上前に訪れたオタワの戦争博物館では、アメリカ軍を撃退した

図6－3　テカムセ

この戦争について「カナダは救われた！（Canada Saved!)」という展示があり、その強烈な表現を筆者は今でも忘れられない。独立戦争時、本国に残りたい多くの王党派はカナダへ移住した。そのような彼らにとって、かつての同胞でありながらアメリカ人は憎むべき敵と言ってよかったのだろう。

特に五大湖周辺とフロリダでは、戦争は先住民を巻き込み苛烈なものとなった。先住民の軍隊はカリスマ的な指導者テカムセのもとで連合軍を結成した。彼らはショーニー族、ポタワトミ族などの部族からなり、一八一二年のデトロイト砦の戦いでは、戦わずしてアメリカ軍を恐怖に陥れ降伏させた。アメリカ軍にとって先住民部族の連合軍は、英軍以上に脅威であった。

他方、アメリカはカナダの首都となっていたトロント（当時の都市名はヨーク）に攻め込み焼き払った。さらに、テカムセらに対立する先住民部族の軍隊をニューヨーク州で組織し増強をはかった。一八一三年、テカムセは戦死した。両軍ともに行動は過激化し、農村を焼き払ってまわった。

この戦争は国内対立を煽るものでもあった。連邦議会の少数派だったフェデラリストは戦

図6－4　テカムセが戦死したテムズ川の戦い

争に反対した。イギリスとの交易によって潤っていた彼らにとって、戦争は多大な損害につながるからである。このような利益を背景とした反対意見は、多数派の民主共和派からすれば、「非国民」である。ジェファソンは、フェデラリストの政治家たちは財産を没収されるべきであると言い放った。メリーランド州のボルティモアでは、反民主共和派の新聞社が暴徒に襲われ、死人が出た。

南部戦線の拡大

また、この戦争で最初に攻め込んだのが北方のカナダだったため、南部の人々は、北と南の連邦政治のバランスが崩れることを恐れた。アメリカがカナダを征服すれば、自分たちが連邦での政治力を減少させかねない。そう考えた南部の人たちは、東西フロリダに侵攻を始め、スペイン軍ならびにそれを支

図６－５　先住民代表団の表象

援する先住民やアメリカから逃亡した黒人たちと一戦交えた。

ともすれば、先住民とアメリカ軍との戦いは、先住民が一枚岩であったかのように誤解されがちだが、当然ながら彼らのあいだでも対立があった。南部では、連邦政府による先住民監督の任務を担っていたベンジャミン・ホーキンズの文明化政策に呼応するかどうかをめぐって、先住民のあいだでも意見は分かれた。マスコギー（クリーク）族のあいだで相対的に裕福かつ身分の高いローワー・マスコギー族が白人と協力関係を築こうとしたのに対して、貧しいアッパー・マスコギー族は、レッド・スティックスという名で反旗を翻し、多くのローワー・マスコギーを殺害した。イギリスもアメリカを叩けるチャンスとばかり、レッド・スティックスを支援した。

ここで登場したのが、アンドルー・ジャクソンである。テネシーから軍を率いてきたジャクソンは、一八一四年初頭にレッド・スティックスに壊滅的な被害を与えると、フォート・ジャクソン条約を締結し、自身に協力した先住民さえからも土地を収奪した。

同じ一八一四年、長期化する戦争に疲弊した英米両国は和平交渉に入り、ベルギーのヘントで交渉を重ねたが、条件はなかなか折り合わなかった。おりしも同年五月にはロシア遠征に失敗したフランスが衰退、ナポレオンは退位し、エルバ島に送られた。フランスと対峙していた軍隊をイギリスは首都ワシントンD．C．に差し向け、焼き討ちを実行し、再建不可能と思われるほどに破壊した。外交交渉でもイギリスは強気だった。

最終的には一八一四年一二月に、開戦前の状況維持を条件に和平条約が結ばれた。ところがその情報が届くまで戦争は継続しており、一八一五年一月にはニューオーリンズでの戦闘で、ジャクソンが劇的な勝利をアメリカにもたらし、人々を熱狂させた。それ以降の彼の人気につながる事件となった。

ヨーロッパの戦争も最終局面を迎えた。エルバ島を脱出したナポレオンだったが、ワーテルローの戦いで敗北。ここにヨーロッパの長年の混沌は終焉を迎え、同時にアメリカの外交も一段落を迎えた。続くモンロー大統領の時代にも、アメリカは五大湖周辺の武装解除やカナダとの国境画定など多くの友好的な合意に達した。

一八一二年戦争は、それ以前の連邦政治からの変化を生じさせた。それまでのジェファソン、マディソン、モンローといった南部ヴァージニアの政治家に対して、西部の人々の支持を背景とした、タカ派（War Hawks と呼ばれる）の政治家が幅をきかせるようになったのである。有力どころとしては、テネシーのアンドルー・ジャクソンと、ケンタッキー出身のヘンリー・クレイ（Henry Clay, 1777-1852）があげられる。さらには南部でも、サウスカロライナのジョン・カルフーンが好戦的な政治家として台頭してきた。連邦憲法制定を制定した世代から、着実に世代交代が進んできたのである。

スペインとの関係の変化

英仏に比べて忘れられがちだが、ある意味それ以上に重要な国家がスペインだ。現在の中南米やカリブ海諸国にあたる地域の多くはスペインの植民地だったし、現在での合衆国でもカリフォルニアやテキサスやニューメキシコはもともとスペインの影響下に長らく置かれていたのである。ロサンゼルス（Los Angeles 天使たち）など西海岸の地名が多くスペイン語由来なのもこのためである。

フロリダの併合は、その後も紛争の種となった。当然ながらスペインとの確執はその後も続き、第一次セミノール戦争（第一次フロリダ戦争とも）と呼ばれる戦争が勃発した。一八一七年一一月、エドマンド・ゲインズ率いるアメリカ軍がファウルタウンにあるマスコギー族の村を襲撃した。先住民たちは何ら敵対的でないにもかかわらず攻撃されたことを非難した。アメリカ軍の言い分は、ファウルタウンはフォート・ジャクソン条約によって割譲された土地であるとのことだった。マスコギー族はアメリカから逃走してきた奴隷と組んでこれに反撃、多くのアメリカ人を殺害した。

陸軍長官カルフーンはこれに対してジャクソンを派遣したが、同時にスペイン人の港には攻撃するなと命じた。指揮系統の混乱のためか、ジャクソンはこの命令に従わずにスペイン軍も攻撃し、さらには先住民の支援を行う二人の民間のイギリス人を絞首刑に処した。このように戦線を拡大したが、ジャクソンの攻撃は功を奏し、勝利を収めた。

だがこの攻撃は当然国際問題となり、イギリスとスペインは強くアメリカを非難した。連邦議会でも、軍事権限の踰越《ゆえつ》は問題となり、クレイらがジャクソンを憲法違反として非難。だが多くはジャクソンを支持した。もっともスペインに対しては、モンロー政権は譲歩し、いったんは撤退した。だが、改めて外交交渉をスペインに持ちかけると、一八一九年にフロリダの買収に成功した。落日のスペイン帝国に、もはやアメリカ合衆国とこれ以上争うだけの気力は残っていなかった。

このようにしてアメリカはイギリス、スペインとの国際関係において対等な地位に立った。この流れは一つの外交スタンスに結実する。一八二三年のモンロー・ドクトリンである。

ハイチが一八〇四年に独立して以降、さまざまな植民地で次々とヨーロッパからの独立運動が起こった。メキシコ以南のほぼすべての地域と言ってよい。宗主国はスペインである。アメリカは当初、この独立運動に両義的な姿勢をみせていた。一方では心情的に独立を応援したいという思いもあるが、他方ではヨーロッパの大国の反感を買うこと、さらにはアメリカ国内の奴隷の反乱に波及することを恐れていた。しかしモンローとアダムズは、支援を決意した。

この際、神聖同盟と呼ばれるフランス、ロシア、オーストリア、プロイセンといった大国が独立運動に対して介入してくるとの噂が流れた。これを牽制《けんせい》しようとしたのがイギリスである。つい数年前までさんざん争った敵国アメリカに、しれっと「対等なパートナーとして、新大陸に介入するなという共同声明を出しましょう」とお世辞とともに持ちかけてきた。むろん、腹のなかでは他のヨーロッパ諸国を押しのけて、中南米に大英帝国の影響力を拡大しようとする企みである。

アメリカの政治家たちは、うろたえた。カルフーンはイギリスの要求をのむように主張。

モンロー大統領にアドバイスを求められたジェファソンとマディソンも同種の意見だった。だがモンローは、アダムズ国務長官の毅然《きぜん》たる意見に従った。つまり、イギリスとの共同声明ではなく、単独で、イギリスを含め、ヨーロッパは新大陸に介入してくるな、と表明したのである。これが、モンロー・ドクトリンと呼ばれるものである。

このドクトリンは、アメリカの対外関係の転換の象徴として理解されている。それまでつねにヨーロッパの関係に国家の命運を左右されていたアメリカが、ようやく大西洋の向こう岸をあまり気にせず、独自の立場を表明して、むしろ西側への拡大に注力できるようになったからである。もっとも、神聖同盟諸国が結局西半球に介入しなかったのは、イギリスの海軍力を恐れたためとも言われる。皮肉な話である。

強い帝国

以上のようにしてアメリカは徐々に欧州列強から外交的独立を果たした、とここまでのストーリーをまとめることができる。ある種のサクセスストーリーである。

しかしこれは表半分の話に過ぎない。裏半分は何か。欧州列強の影響力が徐々に排斥され、それまでの政治権力に空白が生じ、北アメリカ大陸の権力バランスが崩れたことだ。その結果生じたのが、先住民の迫害の激化と、彼らの土地が白人（やあるいは解放された黒人の）入植者によって奪われていく、西漸《せいぜん》運動と呼ばれるものである。これを支えたのが、強い連邦国家であり、連邦憲法である。

連邦国家が実は強かったのではないかという新解釈については第5章で述べたが、具体的には、かつての英本国と植民地の関係を、連邦と州とに再生産するという戦略をとっていたとの理解が、近年注目を集めている。それぞれの州の自治を、連邦自らが率先して促すという構図である。

例えば、経済政策については、連邦政府の存在がローカルな人々にとって認識できないかたちで高度に展開されていたという。入植者たちは、経済的利益に釣られて西部に入植するのだが、それ自体が連邦政府の仕掛けであったということだ。人々の視界には入らない権力が、郵便システムや道路の整備、各種のルール制定をともなって展開されていた。その土台にのって、州の人々は尖兵《せんぺい》として機能する。とはいえ彼らは彼らで連邦政府に対してああしてほしい、こうしてほしい、とさまざまなシグナルを送り続けており、そのようなローカルな抵抗が連邦政府の政策決定を一定程度規定したとも考えられている。

例えば先住民に対する過激な攻撃は、連邦政府にも制御不能なかたちで行われていた。ジャクソンの攻撃はその例である。ただし、ジャクソンの振る舞いは、ローカルな人々の意を汲《く》むかたちで展開されていた。中央の連中はわからないかもしれないが、前線で生き延びるのに俺たちは大変なんだ、そのつらさをジャクソンだけがわかってくれる、という感情である。

しかし先住民は、このような荒くれ者の白人と接し、かつ拡大してくる彼らと抗争を続けなくてはならなくなった。しかもジャクソンによって、先述のように徐々に先住民諸部族は土地を奪われ、追い詰められていくことになる。対抗策としてとられたのは、文明化政策の受け入れだった。彼らもまた議会を作り、憲法を作り、大学を作り、アルファベットを作り、あまつさえ黒人奴隷を使役して、近隣の白人よりも高い生産性の農業にいそしんだ。チェロキー族は一八二七年の憲法で自らを主権国家であると宣言し、法的に対等な地位にある、と合衆国に対してアピールした。

黒人奴隷と経済発展

だがこのような努力の最中にも、ジャクソンが西漸運動を促進させたことで、土地所有の空白が生じた。さて、この土地はどうなったのだろうか。

当然ながら、白人と、黒人奴隷とが入植した。それは、アメリカの経済構造の変化にもよるものである。

アメリカの労働力は、長らく黒人奴隷に依存していた。だが、連邦憲法を一七八七年に制定した際、一八〇八年をもって奴隷貿易を禁じるように合意した。実際、一八〇八年の元日をもって、奴隷貿易も密輸も違法となった。

奴隷貿易が禁じられたとはいえ、国内では奴隷制が依然として拡大する状況だった。ルイジアナ準州において一八〇四年に奴隷貿易を禁じる法律が撤回されたり、北西部条例によって奴隷制が禁じられていたはずのところでも、事実上黙認されていたりした。その数は一〇〇万人を突破した。北部では奴隷廃止運動は盛んだったが、実効力に乏しかった。

国内での労働形態も主要産業も、新たな技術の開発にともなって変化していた。その技術とは一七九三年に発明された、綿繰り機である。綿の加工のスピードを飛躍的に縮めたことで、一躍綿はアメリカ（特に南部）の産業として発展した。綿花栽培を支えるべく、新たな農園の開発が必要となった。西部の広大な土地は、そのために利用されたのである。

自由になった黒人もまた、土地を求めて西部へと移動した。こうして黒人もまた、先住民の迫害主体となった。

このようにして、個々の州を超えた、連邦全体の経済構造が構築されていった。これはイギリスの産業革命（近年では産業革命という語が適切かも疑問視されているが）の影響もある。イギリスが綿花を大量にアメリカから輸入したのである。このような連邦経済構造の形成はアメリカ社会に対して、特に以下の二点で重大な影響を及ぼした。

まず、家族制度の再編成だ。工場労働の担い手が求められたため、それまでニューイングランドの農村で暮らしていた若年女性が都市の工場で労働に従事することも増えた。それに従って、貞淑な妻あるいは慎ましい娘といった強固なジェンダー・ロールに亀裂が入った。夫に従属するのではなく、独立した人間として、同じく立場をともにする女性たちと共同で生活を営むことも増えた。しかし社会的な身分はなお低く、低賃金で長時間の労働に従事させられることも多かったため、労働者としての権利を求める運動を起こすこともあった。

銀行制度の発展とバブル

次に、銀行制度の発展である。一八一六年に連邦政府が設置した第二次合衆国銀行（最初の合衆国銀行は一七九一～一八一一年しか存在せず）が影響を及ぼしたほか、連邦各地に銀行が大量に設立された。次に、綿花の輸出によって投機が促進された。それは、ある種のバブルのような状況になり、最終的には一八一九年にはじけてしまった。綿花の価格は一気に下落した。これは連邦レベルでの経済構造が形成されていた証である。

不景気への対応のため、いくつかの州では州内にある合衆国銀行の支店に課税する法律が定められた。合衆国銀行がローンを厳しく取り立てていたことへの、人々の反発が背景にある。だがこれは連邦政府が作った制度に対して州が介入するかたちになったため、連邦と州のあいだで争いとなった。メリーランド州では、合衆国銀行ボルティモア支店のマカロックが州法に基づく課税を拒否し、裁判となった。連邦最高裁判所に持ち込まれたこの事件において、合衆国銀行は合憲なのか（＝連邦政府は合衆国銀行を設立する権力がそもそもあるのか）、そして州が連邦政府の制度に対して上位の権力を持っているのか、という点が争われた。

連邦最高裁のジョン・マーシャル（John Marshall, 1755-1835）裁判長は、このマカロック対メリーランド判決において、連邦憲法を次のように解釈した。第5章でもみたように、鍵になるのは「必要かつ適切な」という条項をどのように考えるか、という点である。すなわち、合衆国銀行創設は必要かつ適切な連邦の政治的行為であり、また連邦の法は至高であり州の法律に優先されるのだから、州の法律によって合衆国銀行に課税することは認められない、こう理解されるべきであるとマーシャルは判決を下した。連邦の勝利であり、州の敗北である。

このように連邦最高裁判所は連邦憲法を広めに解釈することで連邦の権限を拡大しようとした。しかし州の権力を重視する南部や西部の人々はこれに反発し、連邦憲法を限定的に解釈しようとした。

ミズーリの妥協

マカロック対メリーランド判決と同じ一八一九年、ミズーリ準州を州に昇格させる際に、騒動が生じた。ニューヨーク州の連邦下院議員ジェイムズ・トールマッジは、ミズーリが北西部条例に反して奴隷制を容認していることを批判し、漸進的な奴隷解放を条件に州への昇格を認めるように主張した。南部の奴隷州は、州への介入、さらに主権者たる人々の私的権利への介入であるとしてこれに猛反発。連邦下院では可決されるが連邦上院がこれに反対して、ミズーリ州昇格は認められなかった。

この騒動の背景には、南部と北部の緊張関係がある。ちょうどこのとき、連邦は二二州から構成されており、北部の奴隷制に反対する州が一一、そして南部の奴隷制に賛同ないし消極的に容認する州も同じく一一だった。連邦上院議員の数は、憲法制定会議時の妥協によって、各州二名と平等である。つまり連邦上院は、完全な均衡だった。ここにミズーリが加わると、南部が連邦政治において有利になってしまう。それを懸念したため、北部の側はミズーリの州昇格に反発したのだ。

どのように解決しただろうか。減らしてダメなら足してみようという発想である。北部の政治家は、北部にも追加で州を一つ作ればいいと考えた。それがマサチューセッツ州の飛び地だったメインである。憲法制定会議の批准の頃から、メイン地域はマサチューセッツ州から分離したいとの感情が強かった。そこでマサチューセッツ州は、このタイミングでメインを州に昇格させれば、ミズーリが州になっても依然として北部と南部の均衡は保たれるし、メインの人々の思いにも応えられると判断した。さらに、今後も逐一争いが起きないように、ルールを整備した。それがミズーリの妥協と言われるものである。ミズーリ州よりも南に今後新しくできる州は奴隷がいてもいい州に、それより北は奴隷のいない州にするという決定である。

この連邦議会の決定に対しては大統領府のモンロー（南部のヴァージニア人）やアダムズ（北部のマサチューセッツ人）のあいだでもひとしきり議論になったが、最終的にはこの法案を通過させることに決定した。

先住民への支配

とはいえ、このような連邦政府の権限に対しては、州の反発も強かった。なにより最も強大な州だったヴァージニアでは、連邦権力の濫用を非難する決議を出した。一つは連邦下院議員トールマッジの主張に対してであり、もう一つはマカロック対メリーランド判決に対してだ。難しいのは、人々の権利を守れ、連邦政府は人々の権利を侵害するなという、一見するともっともらしい主張が、奴隷制の擁護につながってしまう点である。

奴隷は白人にとって所有物である。したがって、奴隷を解放せよというのは、白人の私的な所有権に対して国家が指図をしてくるということになる。国家が勝手に私人の所有物を奪うのは、近代国家の原理に反する事態だ。例えば一八二〇年に『憲法を擁護する』を著したヴァージニアの政治家、カロラインのジョン・テイラーは、連邦憲法を守れ、連邦憲法を限定的に理解しろ、連邦政府の権力を強化するなと論じたのだった。奴隷制を守る「護憲派」という残念な事態である。

このような連邦政府の強化は、先住民の法的地位にも変化を生じさせた。永続的なマイノリティとしての従属である。連邦憲法ではもともと先住民は外国人という扱いだった。だが実際には、合衆国人としての権利も享受していた。

この矛盾を解消すべく、マーシャルら連邦最高裁判所は一八二〇年代以降、いくつかの判決を下した。例えば一八二三年のジョンソン対マッキントッシュ判決では、先住民が征服された人々であることを理由として、新大陸の土地はヨーロッパ人の土地であると述べた。さらに一八三二年にはジョージア州の法が先住民を束縛することを否定し、ただ連邦のみが、彼らの排他的な支配権を有すると規定した。こうして、先住民の主権は否定され、法的にも従属的な位置に置かれることになった。

アダムズからジャクソンへ

一八二四年の大統領選は、ジャクソン、クレイ、カルフーン、財務長官のウィリアム・クロフォード、そしてジョン・クインジー・アダムズの争いとなった。当初はジャクソンが最多の得票を得ていたが過半数には至らなかったため、アダムズはクレイに働きかけ、国務長官の座を約することでジャクソンの票を上回り、第6代大統領の座についた。親子ともに大統領となったケースは当然はじめてだし、その後ブッシュ父子まで存在しなかった。ジャクソンは同じ西部の政治家として協力してきたクレイのこの行動を裏切りと捉え、腐敗を訴えた。

大統領に就任したアダムズは、人々の経済成長を根幹で支えようとする政策をうった。アダム・スミスの議論を好んだアダムズは、私的な経済活動は基本的に自由になされるべきであるが、それを活発化させるためのインフラストラクチャーと公教育の整備が必要であると考えた。運河や道路の開発に、大学や天文台の建設もこの時期には加えられた。経済発展と知的な発展とが、そして個人の発展と国家の発展とが手を取り合って進められるべきだ、とアダムズは考えた。同じ頃、一八二八年に、齢七〇にしてノア・ウェブスターはようやく『ウェブスター辞書』を完成させた。

そうこうするうちに四年の任期が来た。二期目の大統領選に向けアダムズは、有権者に媚びを売るような選挙戦は行わなかった。これはジャクソン陣営の格好のターゲットとなり、お高くとまっている貴族のようなアダムズ、というネガティブキャンペーンをジャクソンは展開した。

この結果アダムズは敗北し、一八二九年にはジャクソンが大統領に就任した。一八三〇年には先住民諸部族の土地を取り上げ、西部へと移住させる強制移住法を彼は通した。北部はこれに対して反発をみせたが、ジャクソンは市民の平等のためだと反論した。先住民から取り上げた土地を、彼は支持者に無料で与えたのである。支持者の多くは都市で労働に励むも裕福にはならず、富裕層にこき使われている身だった。北部の都市の政治家が反発するのは、安価な労働力が西部に流出し、自分の利益に反するからだろうとジャクソン派は言うのだ。そのような言いぶんによって、ジャクソンは多くの国民の支持を得た。ドナルド・トランプがジャクソンの再来と言われるゆえんである。

トクヴィルが見たアメリカ

一八三一年五月、あるフランス人が刑務所の視察という名目でアメリカを訪れた。アレクシ・ド・トクヴィルである。この若き貴族は、それから九ヵ月間、デトロイトやニューオーリンズなども含め、アメリカ各地をまわった。前大統領のアダムズとも面会し、意見をもらったという。

トクヴィルの目にうつったのは、ヨーロッパほどに身分格差がなく、人々が自分たちのことは自分たちでこなし、自治にいそしむ民主政の未来だった。しかしそれは手放しで称賛できるものでもなく、多数が少数を虐《しいた》げるという民主政の危険も予見された。

トクヴィルが帰国後の一八三二年、憲法無効化の危機が生じる。南部のサウスカロライナが、連邦が課してくる関税が重いことに反発し、関税法は有効ではないと言い出したのである。ここにも南北の対立が背景にあった。北部は関税を高くすることで自分の州内の製造業を保護したかった。これに対して南部は関税が高いと農作物を外国に輸出できず、利益があがらなかったのである。

副大統領だったカルフーンは、州こそが連邦を形成しているのだから、主権はあくまで州にあるのであり、連邦による課税は憲法違反、したがってサウスカロライナは連邦から離脱する、と主張した。さらには義勇軍を募り、連邦と一戦交えるそぶりすらみせた。これは連邦憲法が人民に直接もとづくのか、それとも州にもとづくのか、という論争にいたった。

政権はこの危機を回避するために、クレイらの尽力によって一八三三年三月に妥協関税法によって関税率を引き下げ、譲歩した。だが同時に、ミシシッピ州議員のポインデクスターらの議論を背景に、ジャクソンは強制徴収法を成立させ、なお連邦が州に対して強制的に税金を徴収できる権力があることも示した。

こうして関税法の無効化を訴える理論は原理的には退けられ、連邦憲法体制は確固たるものとなった。一八一一年から連邦最高裁判事としてマーシャルを支えてきたジョゼフ・ストーリーは、同じ一八三三年に『アメリカ合衆国連邦憲法釈義』を刊行した。ストーリーは連邦と州との関係について、アメリカ合衆国は人々との契約によって連邦国家が形成されているのであって州が連邦を作ったのではないことや、連邦と州との憲法上の争いが起きた場合には連邦の側に解釈権限があることを述べ、州の権利を否定するような論調をとった。これはその後も長く読み継がれるアメリカ憲法論の古典となった。無効化の危機を乗り越えて、連邦憲法が確固たるものとして確立された証である。

トクヴィルは一八三五年、ストーリーを参照しつつ、『アメリカのデモクラシー』第一巻を書き上げた。「アメリカのなかにアメリカを超えるものを見た」と書いたトクヴィルの手で、アメリカの政治体制はモデル化され、今日なお世界中の民主化に影響を与えている。

アメリカ革命の終わり

アメリカの民主政は、アメリカ人自身にとっても高く評価されるようになった。アメリカの「知的な独立宣言」とのちに評価されるエマソンの「アメリカの学者」（一八三七年）は、その最も有名な例だ。

「生まれ合わせたいと願うような時代があるとすれば、それは革命の時代ではないでしょうか。……古い時代の歴史的栄光を、新しい時代の豊かな可能性が補うことのできる時代にこそ、生まれたいと願わないでしょうか。」

エマソンはそのように訴える。エマソンいわく、今日の時代の兆しとしてあるのは、個人を重視する動きだという。栄光ある過去を闇雲にありがたがらず、自分で前に進む。自分自身の足で歩け、自分自身の手を動かせ、自分自身の心を語れ——エマソンはハーバード大学に集まった聴衆を前に、そう語った。

連邦憲法体制の確立。そして自分のことは自分の手で行う民主的自治。アメリカ革命はこうして終わりを迎えつつあった。ジャクソニアン・デモクラシーを称賛する雑誌を編集したジョン・オサリヴァンは、一八三九年、「未来ある偉大な国家」という小文で、自国の始まりを、ためらいもなくこう褒め称えた。「我々の国家の誕生は、新たな歴史の始まりだった。かつてない政治システムの形成、そして進歩だった。それは我々を過去から切り離し、未来のみにつなげているのだ」と。

同じ頃、『北アメリカの先住民族画集』が出版された。消え去りゆく先住民の首長たちの記録だった。そのなかには、ストーリーの記した文章も、引用されていた。「秋の枯れ葉のようなかさかさという彼らの足音が聞こえる。そして永久に去ってしまった。悲嘆に沈みながら我々の前を通り過ぎ、もう戻らない」。

ジョージア州に住んでいたチェロキー族はオクラホマに強制移住をさせられた。チェロキー族だけではない。ジャクソンの先住民政策によって、ほとんどの先住民部族は先祖代々の土地を追われ、少なからぬ者が移住途中に寒さと飢えで命を落とした。帝国化は、かつてその土地に生きた人々を、そしてその珠玉の日々の記憶を消滅させるのと、表裏一体でもあったのである。

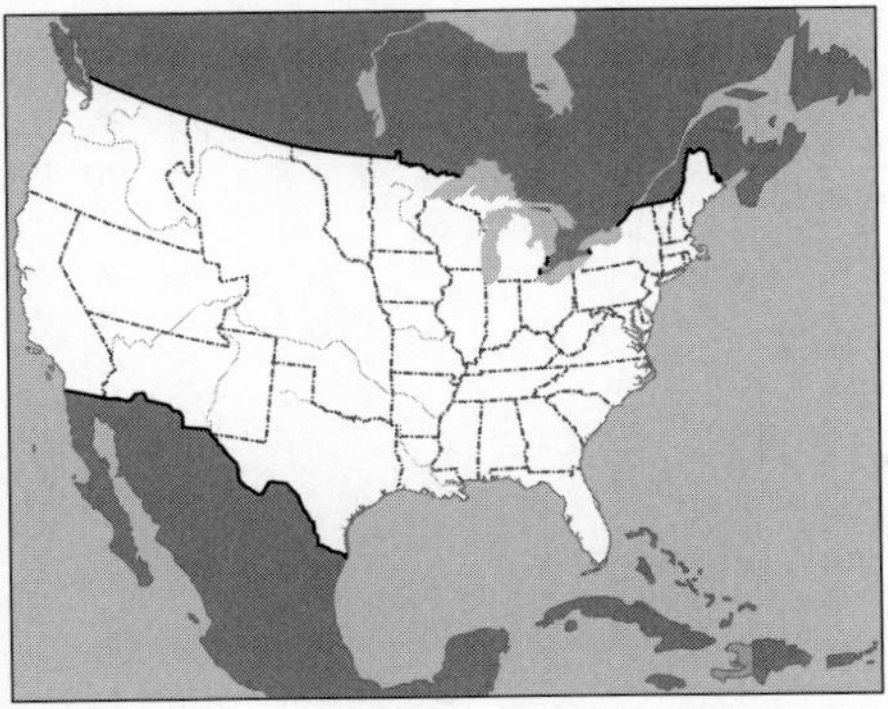

図6－6　アメリカ合衆国　1850年

オサリヴァンは一八四五年に「明白な運命（manifest destiny）」という有名な表現を用いた。

自由と連邦自治政府という偉大な実験を進展させるために、神が与えたもうたこの大陸全体を覆いつくし、所有するのは、我々の明白な運命による権利である。

一八四六年から行われたメキシコとの戦争（米墨《べいぼく》戦争と呼ばれる）に勝利したアメリカ合衆国がカリフォルニアなどの領土を得て、大西洋から太平洋に到達したのは、その三年後、一八四八年のことだった。

終章　南北戦争へ

始まりの終わり

革命とは始まりだと言ってこの本を始めた。だから、始まりの終わりが、この本の終わりになる。

アメリカ革命の終わりは、憲法体制の確立である。ある意味ではカルフーンの敗北とジャクソニアン・デモクラシーの発生こそ、その終わりにふさわしい。もちろん連邦国家の安定には、強敵の排除が欠かせない。先住民の強制移住は、輝かしいアメリカ合衆国発展の、裏面史である。

しかし、アメリカは再び内部分裂の危機を迎える。奴隷制がその原因となり、南北戦争に至ったのは多くの人がご存じだろう。

一八五〇年代に入ると、二つの出来事が南北対立を加速させた。一つは一八五四年のカンザス・ネブラスカ法である。第6章でみたように、「ミズーリの妥協」によって、ミズーリ以南でなければ新たな州は奴隷制を導入できないことになっていた。ところが、カンザスとネブラスカはミズーリより南ではないのに、人民主権に基づいて奴隷を導入できるように提案された。これによって、北部と南部の均衡が崩れた。もう一つは、これと関連するが、共和党の結成である。この法案に反対する北部の政治家たちを束ねた政党として、結党された。この共和党が一八五六年の大統領選挙で野党の座にのしあがり、南部の民主党と対決を強めることになった。

続く一八六〇年の大統領選に共和党からリンカーンが立候補し、民主党の分裂も相まって大統領選に勝利すると、南部はこれに反発し連邦からの離脱を表明。かくして一八六一年から四年間に及ぶ内戦が勃発した。

南北戦争が終結してからわずか六年後、東洋の島国から使節団がやってきた。その名を岩《いわ》倉《くら》使節団という。彼らはアメリカの多くのことがらを見聞したが、そのなかにはアメリカの政治体制、なかんずく連邦憲法の実態についても含まれていた。

それを熱心に研究した木戸《きど》孝允《たかよし》は帰国後の一八七三年、憲法の重要性を新聞紙上で訴えている。国家の存亡は、憲法が優れているか否かにかかっている、というのが骨子となる主張だった。『フェデラリスト』を座右に置いた伊藤博文らによって明治憲法が制定、発布されたのは、それから一六年後のことである。

本書のまとめ

最後に、本書のストーリーをまとめよう。従来のアメリカ建国のお話は、東海岸の白人男性たちに焦点を当てすぎてきたきらいがある。それはアメリカ革命という長期間に及ぶ国家の始まりを理解するうえでは不十分である。

まず独立にあたって、イギリスが圧政を敷いたことに対してアメリカが自由を訴えた、というのがお決まりの話だが、これだけでは説明が不十分だ。あるいは、あまりにアメリカの側に肩入れしすぎである。一つの帝国のなかでの内乱として両者の立場は理解されるべきであり、またアメリカ植民地にも多くの王党派は存在した。

独立を一七八三年に果たしてから四年後、立法者たちが連邦憲法を作ったことで、アメリカは一つの連邦国家へと新たに生まれ変わった。しかしそれはただちにうまく機能したことを意味しない。アメリカを去った王党派。強くなった連邦国家への納税を拒否して西部へと遁走する人たち。反乱を起こす人たち。連邦からの離脱をほのめかす人たち。外国からの度重なる介入。とめられない奴隷制。むき出しの暴力の発現。対立は次から次へと登場した。ちぐはぐに、しかし粘り強く連邦政府の政治家たちはこれに対処する。権利章典を作り、条文にはない「内閣」を形成し、憲法解釈をめぐって議会で論争をし、連邦最高裁判所が判断を行い、動態的に運用する。誰もが失敗作だと思い、署名すらしなかった人たちも、国家の柱として連邦憲法を頼みとした。解釈を慎重に、しかし前例なしに進めた。こうして、連邦憲法が現実政治にもまれるなかで聖典化した。

主舞台は西部や南部のフロンティアであり、そこで繰り広げられたのは欧州列強と先住民との壮絶なパワーゲームである。新生国家アメリカはまだまだ弱体であったため、イギリス、フランス、スペインを筆頭に、政治的圧力を加えられると、無視することは困難だった。しかもそれらの各国が戦争状態に突入すると、アメリカは外交的に難しい選択をつねに迫られた。そして先住民も連合軍を形成するなど、対等な強敵であった。

一八一〇年代以降は、ようやくある程度国家としての独立を保つことに成功した。しかしそれは、黒人奴隷と先住民の抑圧、迫害、虐殺の実行を可能にした。強い連邦権力を背景とした、アメリカの帝国化である。西部へと領土は拡大を続け、戦争とともに多くの市民が政治的な権利を得て、民主政は拡大した。

その軸となったのも連邦憲法である。それは、その後も続く国家の支柱となる。アメリカ合衆国の連邦憲法は、修正条項を付け加えるというかたちで柔軟に運用され、今日なお存続しているのである。憲法という始まりこそが決定的な土台として、超大国の発展を支えてきたと言えよう。

一七七六年の独立宣言からもうすぐ二五〇年が経過する。超大国アメリカがこのあとどのような運命を辿っていくのか、予言者ならざる筆者には知るよしもない。だが、近くて遠い国アメリカ合衆国を歴史的に理解することは、必ずや人類の前途をまなざす道しるべとなるはずである。

あとがき

グランド・ホテル形式、という映画の手法について知ったのは、高校生の時だった。元となった映画『グランド・ホテル』(一九三二)を観たような記憶がなんとなくあるが、勘違いかもしれない。多くの人物がたまたま同じホテルに滞在し、それぞれの人生が一瞬交錯する。

国家はたまたま同じ時代に同じ時を過ごしている人たちのグランド・ホテルである。革命という時代、場所に生まれたがゆえに、運命に翻弄され、惨めに幸福を奪われ斃れていく人たちがいる。

アメリカ革命をどのように描くか、は、第一義的には歴史学の問題だが、もちろん今日のアメリカ政治、日本政治と切っても切り離せない関係にある。今日でもアメリカに対する評価や好悪は人によって多々あるだろう。筆致を抑えたつもりだが、筆者においてもそれは例外ではない。しかしそのような好き嫌いは別として、まずは何が起きたのかを理解しようと虚心坦懐につとめることは、なにより重要である。

アメリカ革命において何が起きたのか、何が失われたのか、誰が利益を得て、誰が命を奪われ、あるいは生きながら苦しみを覚えたのか。膨大な人たちの喜怒哀楽の感情や人生そのものが、革命を支えている。本書において描き出せたのは紙幅の都合上その一部に過ぎないが、私たちが通常アメリカの独立に対して抱く「自由を求めて戦った英雄たちの物語」を少しでも相対化できていれば、と思う。

もちろん、「自由を求めて戦った英雄たちの物語」を相対化するからといって、白人男性たちの作り上げたものを否定する気も、筆者には毛頭ない。一人ひとりの人間たちはみな限られた時間、能力、権限のなかで苦闘し少しでも世の中をより良くするために奮闘した。その苦闘を否定する気もない。

本書に登場した人物の誰にも筆者は特別の思い入れはない。英雄化もせず、悪漢のように描くこともせず、なるべく冷静に書くことを試みた。仮に英雄や悪漢のようにうつるとすれば、それはマディソンも言っているように、人間自体が天使でもあり悪魔でもあるということなのだと思う。

博士論文をもとにした拙著『権力分立論の誕生』（岩波書店、二〇二一年）を目にした胡逸高さんからご連絡をいただいたことで、この企画は始まった。こんな駆け出しの研究者が、と躊躇する気持ちもなくはなかったが、ものすごいスピードで刷新されていく本場のアメリカ革命史研究を少しでも紹介できれば、くらいの感覚で引き受けた。結果的には筆者の想像を超える量の文献と格闘することになったが、少しでもその知見が反映されていればと思う。

胡さんは、筆者のいろいろな感情をうまく汲んでくださった。仕事はときにはぶつかることも必要なので喧嘩するくらい議論をしましょう、となぜか笑顔で最初から怖いことを筆者は言っていたが、穏和な胡さんのご海容によってそんなことは起きなかった。筆者のわがままを押し通してしまっただけのような気がして悔やまれるが、この本の長所はほとんど胡さんの編集能力の高さゆえであるのは、たしかである。東京を去るほんの数日前に祖師谷で詩人パウル・ツェランについてなど多くの話をしたことは、ずっと忘れないだろう。

二〇二三年二月に東京を去って兵庫県西宮市に移ってきた筆者を、関西学院大学法学部の先生方、事務のみなさまは温かく迎え入れてくださった。執筆のスピードを落とすことなく書き続けられたのは、ひとえに現在の環境のおかげである。自分の代わりに周囲が仕事をして、それで自分の研究時間が確保されているのだから、研究の成果をあげ続けなくてはいけない。そう思う日々である。

なお、本書のうち第3章と第4章の前半は、岡山大学で二〇二二年の夏におこなった集中講義がもとになっている。連邦憲法制定会議についていてひたすら聞かされ、いい迷惑だっただろう学生のみなさま、ならびにそのような機会を与えてくださった小田川大典先生と岡山大学の事務のみなさまにお礼申し上げる。

本書の草稿は、相川裕亮さん、李東宣さん、原田明利沙さん、藤本大士さん、古田拓也さん、村木数鷹さんにお読みいただいた。本書の残りの長所は、その忌憚なきコメントによるものである。

なお細かな参考文献については筆者のresearchmapにpdfファイルを掲載しておいたので、ご関心のある方はダウンロードしていただければ幸いである。(americakakumeiというパスワードをかけてある。)

上ヶ原にて

上村　剛

Wood, Gordon S., *Empire of Liberty*, Oxford University Press, 2009.

第６章

グールド、イリジャ・H.『アメリカ帝国の胎動』森丈夫監訳、彩流社、2016年。
Balogh, Brian, *A Government Out of Sight*, Cambridge University Press, 2009.
Blaakman, Michael A., et. al.（eds.）, *The Early Imperial Republic*, University of Pennsylvania Press, 2023.
Frymer, Paul, *Building an American Empire*, Princeton University Press, 2017.
Howe, Daniel Walker, *What Hath God Wrought*, Oxford University Press, 2007.
Taylor, Alan, *The Civil War of 1812*, Vintage Books, 2011.
——, *American Republics*, W. W. Norton, 2021.

1661, Harvard University Press, 2004.

第２章

アーミテイジ、デイヴィッド『独立宣言の世界史』平田雅博ほか訳、ミネルヴァ書房、2012 年。

大森雄太郎『アメリカ革命とジョン・ロック』慶應義塾大学出版会、2005 年。

上村剛「アメリカ革命と歴史叙述の政治思想――ドミニオン・セオリーをめぐる対抗」『社会思想史研究』44 号、2020 年。

――『権力分立論の誕生』岩波書店、2021 年。

Rakove, Jack N., *The Beginnings of National Politics*, 1982.

第３章

ジェンセン、メリル『アメリカ憲法の制定』斎藤眞ほか訳、南雲堂、1976 年。
Beeman, Richard, *Plain, Honest Man: The Making of the American Constitution*, Random House, 2009.
Farrand, Max（ed.）, *The Records of the Federal Convention of 1787*, 4 Vols., Yale University Press, 1911-1937.
Klarman, Michael J., *The Flamers' Coup*, Oxford University Press, 2016.
Van Cleve, George William, *A Slaveholders' Union*, The University of Chicago Press, 2010.

第４章

ハミルトン、アレグザンダー、ジェイムズ・マディソン、ジョン・ジェイ『ザ・フェデラリスト』斎藤眞、中野勝郎訳、岩波文庫、1999 年。
Bailyn, Bernard（ed.）, *The Debate on the Constitution*, 2 Vols., The Library of America, 1993.
Bickford, Charlene Bangs, et. al.（eds.）, *Documentary History of the First Federal Congress of the United States of America, March 4, 1789-March 3, 1791*, Johns Hopkins University Press, Vols. 10-14, 1992-1996.
Maier, Pauline, *Ratification*, Simon & Schuster Paperbacks, 2010.

第５章

Chervinsky, Lindsay M., *The Cabinet*, The Belknap Press of Harvard University Press, 2020.
Gienapp, Jonathan, *The Second Creation*, The Belknap Press of Harvard University Press, 2018.
Sheehan, Colleen A., "Madison v. Hamilton: The Battle Over Republicanism and the Role of Public Opinion," *American Political Science Review*, Vol. 98, Issue. 3, 2004.

主要参考文献

まえがき、および本書全体

『アメリカ古典文庫16 アメリカ革命』研究社、1978年。

五十嵐武士、福井憲彦『世界の歴史21 アメリカとフランスの革命』中公文庫、2008年。

ウッド、ゴードン・S.『アメリカ独立革命』中野勝郎訳、岩波書店、2016年。

鰐淵秀一「ポスト共和主義パラダイム期のアメリカ革命史研究」『立教アメリカン・スタディーズ』42号、2020年。

Cogliano, Francis D., *Revolutionary America, 1763-1815*, 4th ed., Routledge, 2022.

Gould, Eliga et. al. (eds.), *The Cambridge History of America and the World*, Vol. 1, Cambridge University Press, 2021.

Greene, Jack P. and J. R. Pole (eds.), *A Companion to the American Revolution*, Blackwell Publishers, 2000.

Hämäläinen, Pekka, *Indigenous Continent*, W. W. Norton, 2022.

Kamensky, Jane and Edward G. Gray (eds.), *The Oxford Handbook of the American Revolution*, Oxford University Press, 2012.

Pasley, Jeffrey L., et. al. (eds.), *Beyond the Founders: New Approaches to the Political History of the Early American Republic*, The University of North Carolina Press, 2004.

Shankman, Andrew, "Toward a Social History of Federalism," *Journal of the Early Republic*, Vol. 37, 2017.

第1章

グリーン、ジャック・P.『幸福の追求』大森雄太郎訳、慶應義塾大学出版会、2013年。

テイラー、アラン『先住民vs.帝国 興亡のアメリカ史』橋川健竜訳、ミネルヴァ書房、2020年。

ベイリン、バーナード『アメリカ政治の起源』田中和か子訳、東京大学出版会、1975年。

――『アトランティック・ヒストリー』和田光弘、森丈夫訳、名古屋大学出版会、2007年。

Greene, Jack P., *The Constitutional Origins of the American Revolution*, Cambridge University Press, 2011.

MacMillan, Ken, *Sovereignty and Possession in the English New World*, Cambridge University Press, 2006.

Pestana, Carla Gardina, *The English Atlantic in an Age of Revolution, 1640-*

1845	ジョン・オサリヴァン、「明白な運命」を主張
1846	米墨戦争始まる
1848	米墨戦争終結、カリフォルニアを割譲される

図版出典

図 1-3　Carla Gardina Pestana, *Protestant Empire*, University of Pennsylvania Press, 2009, p. 5.

図 2-5　筆者撮影

図 2-11　メトロポリタン美術館所蔵

図 2-12　Kathleen DuVal, *Independence Lost,* Random House, 2016, p. 235.

図 5-1　デイヴィッド・スタサヴェージ『民主主義の人類史』立木勝訳、みすず書房、2023 年、299 頁。

図 5-2　Kathleen DuVal, *Independence Lost,* Random House, 2016, p. 293.

図 5-3　Gordon S. Wood, *Empire of Liberty,* Oxford University Press, 2009, p. 132.

図 6-6　Alan Taylor, *American Republics,* W. W. Norton & Company, 2021, p. xix.

＊注記のない図版は、筆者作成および public domain である

	フランス革命始まる（7）
1791	ハミルトンにより、合衆国銀行法成立（2）、ウィスキー蒸留者への課税も定められる（3） サンドマングの黒人奴隷蜂起（8）、セントクレア、ウォバッシュの戦いに敗れる（11）、憲法修正1～10条が発効（12）
1793	ルイ16世処刑（1）をきっかけに戦争が始まる。ワシントン、中立宣言を発する（4）
1794	ウィスキー反乱（7～11）、合衆国軍、フォールン・ティンバーズで先住民軍に勝利（8） ジェイ、イギリスとの条約を結ぶ（11）
1796	ワシントン、大統領辞任を表明（11）
1797	ジョン・アダムズ、第二代大統領に就任（3）
1798	フランスとの擬似戦争始まる（7）、「外国人・治安諸法」制定（6～7）、ケンタッキー、ヴァージニア決議（11～12）
1801	ジェファソン、第三代大統領に就任（3）
1803	ルイジアナ購入（4）
1804	ハミルトン、決闘により死去
1807	出港禁止令が出される
1808	奴隷の輸入が禁じられる
1809	ジェイムズ・マディソン、第四代大統領に就任（3）
1812	マディソン、イギリスに宣戦布告
1814	アンドルー・ジャクソン、レッド・スティックスに壊滅的な被害を与える ヘント条約（ガン条約）結ばれる（12）
1817	ジェイムズ・モンロー、第五代大統領に就任（3）、第一次セミノール戦争始まる（11）
1819	経済バブルがはじける（1）フロリダ買収（2）、マカロック対メリーランド判決（3）、
1820	ミズーリの妥協
1823	モンロー・ドクトリン
1825	ジョン・クインジー・アダムズ、第六代大統領に就任（3）
1826	アダムズとジェファソン、亡くなる
1829	アンドルー・ジャクソン、第七代大統領に就任（3）
1830	先住民強制移住法成立
1832	無効化危機勃発
1836	マディソン、亡くなる

アメリカ革命　関連年表

年	出来事　　()内の数字は月
1603	ジェームズ1世即位、イングランドとスコットランドが同君連合になる
1607	ヴァージニアにジェームズタウンが建設される
1620	ニューイングランドのプリマスにピューリタンが上陸する
1624	ヴァージニア会社、解散
1689	名誉革命
1754	フレンチ・インディアン戦争（七年戦争とも）始まる
1760	ジョージ3世、即位
1763	パリ条約によって七年戦争が終わる
1765	印紙法制定
1766	植民地の抗議運動が高まり印紙法が撤廃されるも、宣言法制定
1767	ジョン・ディキンソン『ペンシルヴェニア農夫からの手紙』(～1768)
1770	ボストン虐殺事件
1773	ボストン茶会事件
1774	第一回大陸会議開催される（9～10）
1775	レキシントン・コンコード間の戦い（4）、バンカーヒルの戦い（6） 第二回大陸会議開催される（5）、オリーブの枝請願（7）
1776	ペイン『コモン・センス』（1）、J・アダムズ『政府論』（4） ヴァージニア邦憲法制定（6）、独立宣言（7）
1777	サラトガの戦い（10）
1778	フランスがアメリカと条約を結び、イギリスに宣戦布告
1781	連合規約の発効（3）、ヨークタウンの戦い（10）
1783	パリ条約によりアメリカ独立
1787	連邦憲法制定会議、フィラデルフィアにて開かれる（5～9）、北西部条例（7） 批准をめぐる論争（9～）、ハミルトン、マディソン、ジェイ『フェデラリスト』（10～1788.5）
1788	連邦憲法、批准される
1789	第一議会開会（3）、ワシントン、初代大統領に就任（4）

地図作成　モリソン

図版作成　ケー・アイ・プランニング

上 村　剛（かみむら・つよし）

1988年東京都生まれ．東京大学法学部卒業，同大学院法学政治学研究科博士課程修了．博士（法学）．日本学術振興会特別研究員（PD）を経て，関西学院大学法学部准教授．専門は西洋政治思想史，18世紀の英米思想史．
著書『権力分立論の誕生――ブリテン帝国の『法の精神』受容』（岩波書店，2021年サントリー学芸賞〔思想・歴史部門〕）
共著『戦後日本の学知と想像力』（吉田書店）
共編著『歴史を書くとはどういうことか――初期近代ヨーロッパの歴史叙述』（勁草書房）

アメリカ革命《かくめい》
中公新書 *2817*

2024年 8 月25日発行

著　者　上　村　　剛
発行者　安　部　順　一

本文印刷　暁　印　刷
カバー印刷　大熊整美堂
製　　本　小泉製本

発行所　中央公論新社
〒 100-8152
東京都千代田区大手町 1-7-1
電話　販売 03-5299-1730
　　　編集 03-5299-1830
URL https://www.chuko.co.jp/

Published by CHUOKORON-SHINSHA, INC.
Printed in Japan　ISBN978-4-12-102817-4 C1222